Dipl. Ing. Hildegard Leiding

Die präzise astrologische Prognose

Die Leiding-Methode

Verlag Weisse Reihe

Die Deutsche Bibliothek - CIP Einheitsaufnahme

Leiding, Hildegard:
Die präzise astrologische Prognose /
Dipl.-Ing. Hildegard Leiding. -
Heppenheim: Verlag Weisse Reihe 2007
ISBN 978-3-929804-09-6

1. Auflage September 2007
ISBN 978-3-929804-09-6
© 2007 Dipl.-Ing. Hildegard Leiding
Verlag Weisse Reihe
Am Alten Neckar 29
64646 Heppenheim

Umschlaggestaltung und Satz:
Riggs Etcetera
Offenbach

Dipl. Ing. Hildegard Leiding

Die präzise astrologische Prognose

Die Leiding-Methode

Danksagung

Ich danke allen, die mich beim Schreiben dieses Buches unterstützt haben, insbesondere Waltraut Manser für ihre klare und hilfreiche Kritik und unermüdliche Unterstützung, Peter Rottler für seine hilfreichen Ratschläge zur Darstellung der Abbildungen und Bettina Bernhardt, die über lange Zeit mit mir gemeinsam die Personarprognosen auf ihre Richtigkeit überprüft hatte.

Inhaltsverzeichnis

Abkürzungsverzeichnis

Konj.	– Konjunktion
Opp.	– Opposition
Qua.	– Quadrat
Tri.	– Trigon
Sbg.	– Sonnenbogendirektion
Prog.	– Sekundärdirektion, Progression
AC	– Aszendent
MC	– Medium Coeli
DC	– Deszendent
IC	– Imum Coeli

Vorwort

Schon seit mehr als 5000 Jahren versuchen Astrologen weltweit den Schleier zu lüften und einen Blick in die Zukunft zu werfen.

Claudius Ptolemäus (ca. 100–178 n. Chr.) hatte mit Hilfe unzähliger Beobachtungen und „Statistiken" einen großen Schritt in diese Richtung gemacht. Sein großes Werk „Tetrabiblos" ist nie in Vergessenheit geraten und hat immer wieder Astrologen inspiriert. Viele Astrologen haben ihr Lebenswerk in schriftliche Form gebracht und ihre Ideen finden heute immer noch Verwendung.

Im letzten Jahrhundert sind viele verschiedene astrologische Schulen mit unterschiedlichen Ansätzen entstanden. Jede Schule hat ihren eigenen Ansatz und findet auch ihre Berechtigung. Man kann jedoch nicht sagen, lediglich eine Richtung der Astrologie hat ausschließlich Recht, sondern jede einzelne Schule hat einen genialen Ansatz und auch hochinteressante Entdeckungen hervorgebracht. Ich selbst wehre mich jedoch gegen Aussschließlichkeitsäußerungen („nur wir haben Recht") und sehe alle Ausrichtungen und Forschungen als wertvoll an.

Auch in Deutungsdetails habe ich immer wieder festgestellt, dass unterschiedliche Schulen sich teilweise sogar verfeindet haben, was ich als sehr bedauerlich empfinde. So begegnete mir zum Beispiel die Äußerung: „Das Horoskop kann ich nicht lesen, der Aszendent ist ja nicht mit einem Pfeil markiert". Nun, mittlerweile – vielleicht auch durch den boomenden Markt der Medienastrologen – hat sich diese Haltung wohl wieder etwas beruhigt und man differenziert heutzutage zwischen den seriösen, gut recherchierenden und den unseriös arbeitenden Astrologen.

Mein Wunsch wäre, dass alle astrologischen Schulen eine größere gegenseitige Wertschätzung zeigen und enger miteinander kooperieren würden, damit sie sich in ihrer so wertvollen Detailarbeit besser ergänzen. Somit kann das astrologische Wissen wirklich zum Segen für die Menschen werden und die Gemeinschaft der Astrologen kann die Geheimnisse der Astrologie in allen Belangen wirklich lüften.

Einführung

Seit nunmehr 28 Jahren befasse ich mich intensiv mit der Astrologie, ursprünglich mit dem Anspruch, die Astrologie zu widerlegen. Das ist mir nicht gelungen, wie dieses Buch schon beweist. Ich habe erfahren, dass ich mit Hilfe der Astrologie unzähligen Menschen helfen konnte und immer den großen Trend in deren Horoskop richtig erkannt habe.

Mir hat es nie ausgereicht, was ich sah und in den Beratungen auch sagte. Ich selbst war zwar zufrieden, wenn ich erfuhr, dass auch geschah, was ich sagte, nur wollte ich persönlich immer genauer arbeiten. Die Analyse eines Menschen mit Hilfe des Horoskopes war nie das Problem für mich, zumal in dieser Hinsicht die Astrologie weitestgehend erforscht ist, jedoch wollte ich in meinen astrologischen Prognosen immer genauer werden.

Im Laufe der Jahre stellte ich fest, dass in der heutigen Astrologie die üblichen Prognosen nur die allgemein gültigen Trends anzeigen.

In diesen Prognosen waren die Anwendungen der Sonnenbogendirektionen und Progressionen sehr nützlich, um die Entwicklung, sowohl persönlich, als auch durch äußere Einflüsse ansehen zu können.

Das Arbeiten mit Transiten ist unumgänglich in der täglichen astrologischen Praxis, nur war es mir immer schleierhaft, dass der gleiche Transit nicht immer in der gleichen Art und Weise seine Wirkung zeigt. Außerdem war es stets für mich befremdlich, wenn Transite nicht punktgenau, sondern zeitverzögert oder gar nicht ihre Wirkung zeigten. Das war auch mit applikativen oder separativen Aspekten nicht erklärbar.

Dieses Phänomen bewog mich, immer weitere und tiefer gehende Untersuchungen in der Astrologie zu machen.

Um in meinen astrologischen Beratungen genauere Prognosen machen zu können, habe ich zunächst die arabischen Punkte, dann die sensitiven Punkte hinzugezogen. Teilweise sind sie bereits seit dem 4. Jahrhundert existent. Bei den sensitiven Punkten (es existieren mittlerweile über 300 davon) waren nicht alle brauchbar bzw. in der heutigen Zeit finden nicht mehr alle Punkte Verwendung.

Die Sonnenbogendirektionen, Sekundärdirektionen und die Transite in Verbindung mit den sensitiven Punkten habe ich jahrzehntelang erforscht.

Die Prognosen weisen zusätzlich auf Ereignisse hin, die man bislang mit der Astrologie ohne sensitive oder arabische Punkte nicht erkennen konnte. Teilweise waren auch recht amüsante doch nicht wirklich relevante Ereignisse wie z.B. Friseurbesuche zu sehen.

Die Sonnenbogendirektion der sensitiven Punkte untereinander ist hingegen einigermaßen schlüssig und logisch nachvollziehbar.

Nach etlichen Jahren der Prüfung dieser sensitiven Punkte auf ihre Korrektheit hin und der Anwendung in der alltäglichen Beratungsarbeit schlug ich Herrn Peter Rottler vor, diese sensitiven Punkte in seiner Astrologiesoftware STAROWI zusätzlich mit einzubauen.
In meinen Astrologieausbildungsseminaren habe ich meine Erkenntnisse über die verschiedenen Prognosearten über Jahre hinweg gezielt und erfolgreich weitergegeben. Heute werden sie von meinen ehemaligen Schülern/Schülerinnen in der Öffentlichkeit weit verbreitet angewendet.

Mein Forscherdrang blieb jedoch weiterhin aktiv, ich wollte alles im Horoskop erkennen.
Es blieben viele Ereignisse unentdeckt oder zeigten sich nicht zeitgenau oder auch, zu meiner Enttäuschung trafen angezeigte Ereignisse nicht ein.
Es wurde eben nicht alles sichtbar.

Ich befasste mich nun mit den pränatalen Direktionen, den Regressionen und den pränatalen Transiten in Verbindung mit den sensitiven Punkten. Nach dem hermetischen Prinzip: wie oben – so unten musste in dieser Prognoseart der Schlüssel liegen.

Diese Prognosemethoden eröffneten mir noch genauere Einblicke in die Prognosewelten, und ich konnte nach dem Ursache/Wirkungsprinzip die Ursachen von Problematiken feststellen.
(Ich benutze diese Methode beispielsweise, um genau den Hergang eines zeitmäßig feststehenden Ereignisses wie z.b. einer Gerichtsverhandlung, einer Prüfung oder einer Bürgermeisterwahl zu prognostizieren).
Diese Methode gewährt mir zwar sehr tiefe Einblicke, aber, um Detailinformationen zu erhalten, erschienen mir auch diese als unzureichend.

Oft zeigen die Anwendungen der verschiedenen astrologischen Prognosemethoden Änderungen im Leben des Klienten oder auch Ereignisse an, die dann jedoch in der Realität nicht oder auch verzögert eintreffen.
Diese Situation ist für alle nicht zufriedenstellend.

Es bleiben zurück ratlose Astrologen und unzufriedene Klienten. Teilweise begegneten mir Astrologen, die resigniert die Astrologieprognose beiseite legten, da sie nicht treffsicher war.

Ich reflektierte lange Zeit darüber und kam zu dem Entschluss, dass, wenn die astrologische Analyse stimmig ist, irgendetwas in der astrologischen Prognose fehlen müsse, da die prognostischen Aussagen nicht genau sind.

Ich beobachtete, wie teilweise Astrologen Fehlprognosen entschuldigten mit der Aussage „die Geburtszeit stimmt nicht, sie ist ungenau". Das scheint ja gelegentlich vorzukommen, aber doch nicht regelmäßig!

Ich setzte meine Forschungen fort.

Viele Erklärungen ergaben sich durch die Hinzuziehung bzw. Beachtung von Fixsternen, den Asteroiden sowie den aus der „Hamburger Schule" stammenden Transneptunern.
Deren Wirkung zeigte so manche ansonsten mit der klassischen Astrologie nicht sichtbare Erklärung.

Trotz aller zusätzlich hinzugezogenen erforschten Elemente der Astrologie fehlten immer wieder astrologisch nachvollziehbare Erläuterungen für nicht erfolgte positiv oder auch negativ erlebte Entwicklungen.

Ich fragte mich: Was nützen die besten positiven Transite zum Radix oder zu diversen Direktionen, Progressionen, sensitiven Punkten, Fixsternen, Asteroiden und Transneptunern, wenn die Ereignisse nicht oder verzögert eintreffen. Ich fragte dutzende von professionell und verantwortlich arbeitenden Astrologen.

WARUM ?

Mit dieser Problematik untersuchte ich jahrelang Horoskope.

Ich, als Naturwissenschaftlerin bin von folgendem Grundsatzprinzip ausgegangen:

Ist eine Regel nur manchmal gültig, aber manchmal nicht, dann besteht keine Gesetzmäßigkeit und es ist keine Regel.

In der Naturwissenschaft gilt, dass eine Regel immer gültig sein muss, um eine Regel zu sein.

Wenn die Astrologie wahr und eine Wissenschaft ist, dann muss sie in allen Punkten der Wahrheitsprüfung stand halten können.

Es kann nicht sein, dass die Aussagen in der über fünftausend Jahre alten Astrologie, mit der sich die berühmtesten Mathematiker und Wissenschaftler der Geschichte beschäftigten, durch ungenaue Prognosen mit Kaffeesatzlesen oder Kartenlegen gleichzusetzen sind.

Die intelligentesten Menschen ihrer Zeitgeschichte versuchten mit ihren jeweiligen zeitbedingten Möglichkeiten in diesen fünftausend Jahren hinter das große Geheimnis dieser Wissenschaft zu kommen.

Vielleicht ist die Astrologie auch noch immer unzureichend erforscht.

Ich selbst gehe von dem Grundsatz aus „ wie oben - so unten, wie im Himmel - so auf Erden". Man kann es auch als das Prinzip der Polarität bezeichnen, oder mit der Identität vom Mikrokosmos - Makrokosmos.

Es war mir immer klar, die Planeten spiegeln die Ereignisse auf der Erde wider.
Es hat mir keine Ruhe gelassen, bis ich in sämtliche Details der Astrologie Einblick gewonnen hatte.

Um die Richtigkeit der Prognosen zu überprüfen, befasse ich mich seit 10 Jahren unter anderem auch mit der Börsenastrologie. Ich sagte mir: die Börse ist ein massenpsychologisches Phänomen und wenn die Psyche eines Menschen mit Hilfe der Astrologie in der Analyse bis ins kleinste Detail durchleuchtet werden kann, dann ist dies mit der Börse ebenfalls machbar. Hier habe ich den großen Vorteil, dass ich minütliche Prognosen machen und die Aktienverläufe täglich erneut unter die Lupe nehmen kann.

Meine jahrelangen Forschungen zeigten, dass man den täglichen Verlauf von Börsenkursen gut anhand der hinduistischen Astrologie in Verbindung mit Duads und Navamsas erkennen kann.

Der große Crash des „Neuen Marktes" im März 2000, sowie auch die Tage nach dem 11.09.2001 in einem Zeitraum von 10 Tagen bei denen die Börse stark in Mitleidenschaft gezogen wurde, war mit herkömmlich verwendeten Prognosemethoden nicht erkennbar, sondern erst durch die Hinzuziehung der in der Hamburger Schule verwendeten Transneptuner.

Zeigen also verschiedene Richtungen der Astrologie auch verschiedene Möglichkeiten? Muss man deren Gültigkeit jeweils unter Beweis stellen? Das kann nicht sein!

Mit dem Nichteintreffen oder zeitlich verzögerten Einsetzen von Ereignissen und den Hinweisen auf die Angabe einer eventuellen ungenauen Geburtszeit konnte ich nicht einig gehen. Immer wieder prüfte ich Horoskope in allen bekannten Prognosearten und mit zusätzlichen Faktoren (sensitive Punkte, Fixsterne, Transneptuner, Asteroiden) nach.

Innerhalb dieser langjährigen sehr in die Tiefe gehenden Detailforschungen band ich auch neue Überlegungen in die astrologischen Prognosen mit ein. Immer mehr hob sich endlich der Schleier. Mit den gewonnenen Erkenntnissen prüfte ich die fraglichen Horoskope nach und tatsächlich, das „Ei des Kolumbus" war entdeckt! Ich hatte die Antworten auf die Frage „Warum?" gefunden !

1992 hatten Peter Orban und Ingrid Zinnel einen wahren Schatz der Astrologie entdeckt und das Buch „Personare" veröffentlicht, in dem sie die Radix-Planeten zum besseren Verständnis als eigenständige Personen (Persönlichkeitsanteile) beschreiben, deren Individualität und Daseinsberechtigung erkannt und erlebt werden muss.

Jeder einzelne Persönlichkeitsanteil hat seine Daseinsberechtigung und gehört zu jedem Menschen. Verdrängungen einzelner Anteile oder Planeten führen unweigerlich zu Problemen, die zumeist als „von außen kommend" oder „immer wiederkehrend" angesehen werden.

Diese Erkenntnisse von Peter Orban und Ingrid Zinnel waren für mich absolut schlüssig. Zwischenzeitlich haben die Personare in allen renommierten Astrologie-Software-Programmen zur Analyse der einzelnen Planeten Einzug gefunden. Ein unschätzbarer Wert !

Die Verknüpfung der Personare mit den verschiedenen Prognosemöglichkeiten und die Hinzuziehung der Fixsterne, Asteroiden, sensitiven Punkte und Transneptuner kombiniert mit den Direktionen, Progressionen und Transiten sind für genaue Prognosen in der Astrologie unverzichtbar.

Die Prognosemethoden

Es gibt unterschiedliche Arten in der Prognosetechnik:

- die Primärdirektion
- die Sonnenbogendirektion
- die Sekundärdirektion oder auch Progression
- die Tertiärdirektion (Monddirektion)
- die multiplen Direktionen
- die Transite
- die pränatale Direktion
- die Regression
- die pränatalen Transite

zusätzlich zum
- Solarhoroskop, das seine Aussagekraft für 1 Jahr hat
und das
- Lunarhoroskop, das eine 4-wöchige Prognose darstellt.

Sämtliche Direktionen zeigen – als übergeordneter Trend – die Entwicklungen eines Menschen oder einer Sache an.

Die Primärdirektion

Diese Direktion gründet auf der Basis 1° = 1 Jahr.
Entsprechend dem Alter (in Jahren) einer Person wird das gesamte Horoskop um die Anzahl der Jahre = Grade weitergedreht. Diese Direktion wird in das Verhältnis zum Radixhoroskop gesetzt.

Die Erstellung einer Schablone für den „Schnellüberblick" ist hier sehr hilfreich. Eine Folie wird mit Druckknopf auf das ausgedruckte Radixhoroskop anbracht und die Radixplaneten werden auf die Folie übertragen. So kann man das gesamte Horoskop um die Anzahl der Grade weiterdrehen und gewinnt recht schnell einen Überblick.

Die Sonnenbogendirektion

In jungen Jahren ist die Methode der Primärdirektion noch recht zweckmäßig, aber ab einem Alter von 35 bis 40 Jahren sollte die Sonnenbogendirektion genau ausgerechnet werden.
Die Sonnenbogendirektion basiert auf der Annahme, dass 1 Tag nach dem Geburtstag einem Lebensjahr entspricht.
Die Sonne bewegt sich pro Tag zwischen 57 Min. 10 Sek. und 61 Min. 10 Sek. weiter, im Laufe der Jahre subsummieren sich die Minuten und Sekunden und es ergibt sich somit eine nicht unerhebliche Zeitdifferenz gegenüber der Primärdirektion.
Man zählt also das Alter in Jahren als Anzahl der Tage zum Geburtstag hinzu und erhält einen neuen Sonnenstand. Die Differenz von diesem Sonnenstand zum Geburtstagssonnenstand ist der Sonnenbogen. Der Wert des Sonnenbogens wird auf alle Planetenstände und Achsen aufaddiert und ins Verhältnis zum Radixhoroskop gesetzt.

Die Sonnenbogendirektion (Sbg.) zeigt die innere Entwicklung eines Menschen an.
Der Mensch macht in den Phasen der genauen Direktionsaspekte Entwicklungen durch, strahlt die dementsprechende Haltung aus und zieht somit Ereignisse an, die seine innere Entwicklung wiederum vervollkommen.

Das Ergebnis zeigt sich resultierend im Umfeld.
Die Sonnenbogendirektion benutze ich ausschließlich im direkten Kontakt (ohne Orbis) der Sonnenbogenplaneten zu Radixplaneten und Achsen. Ich benutze Konjunktionen, Oppositionen und Quadrate, berechne dabei den genauen Planetenkontakt. Von dort aus rechne ich mit einer Vorwirkzeit von ½ Jahr und ab dem genauen Aspekt berücksichtige ich eine Nachwirkzeit von 1½ Jahren.
Die Gesamtwirkungsdauer liegt also bei 2 Jahren.

Beispiel:

In der Sonnenbogendirektion fällt Uranus (Sbg.) auf den DC im Radixhoroskop.
Das gesamte persönliche Umfeld des Horoskopeigners wird Veränderungen unterworfen. Er hat das Bedürfnis nach Freiheit, erlebt neue Eindrücke und zieht neue Bekannte an, neigt dadurch auch dazu, aus bestehenden Verbindungen (jeglicher Art) auszubrechen.

Ein weiteres Beispiel:

Im Sonnenbogen besteht eine Sonne (Sbg.) Konj. zum Mond Radix.
Der Körper (Sonne) wird mit dem Gefühl, der Seele (Mond) eins, der Horoskopeigner verliebt sich eventuell oder eine andere große emotionale Lebensveränderung tritt ein.

Auch Ingresse (Zeichenwechsel) und Planetenübergänge in andere Häuser besitzen hier eine herausragende Bedeutung.

Beispiel zum Ingress:

Ein im Zeichen Fische Geborener, dessen dirigierte Sonne sich im Übergang in das Zeichen Stier befindet, entdeckt untypischer Weise nun das Interesse an Grund und Boden, Gartenarbeit, etc. Während er in jüngeren Jahren vielleicht nicht einmal das kleinste Interesse an diesen Themen hatte, so ist es nun, mit dem Direktionsübergang in das Zeichen Stier zu seinem Schwerpunktthema geworden.
Diese grundlegende Wesensveränderung wird staunend von seinem Umfeld wahrgenommen.

Beispiel zum Planetenübergang in das nächste Haus:

Nehmen wir an, jemand hat im Radixhoroskop seine Sonne im 2. Haus stehen. Im Laufe der Jahre bewegt sich die Direktionssonne in das 4. Haus. Die Person entwickelt nun ihr Interesse an Familie, oder wird sich sogar mit dem Thema Grund und Boden, Grundbesitz und Hausbau befassen.

Die Sekundärdirektion (Progression)

Die Sekundärdirektion oder auch Progression basiert ebenfalls auf der Annahme, dass 1 Tag nach dem Geburtstag einem Lebensjahr entspricht.
Hier zählt also die Formel 1 Tag = 1 Jahr

Es wird entsprechend der Anzahl der Jahre die Anzahl der Tage vom Geburtsdatum ausgehend hochgezählt und zu diesem neuen Datum ein neues Horoskop entsprechend der reellen Planetenstände erstellt.

Es ergibt sich ein neues Horoskop, das ins Verhältnis zum Radixhoroskop gesetzt wird.

Zu erkennen ist unmittelbar, dass sich die Langsamläufer kaum bewegt haben, die persönlichen Planeten sich jedoch weiterbewegt haben.

Die Progression zeigt äußere Einflüsse an, die bei dem Horoskopeigner Entwicklungsprozesse in Gang setzen.

Bei der Deutung sind zu beachten:

1. das Rückläufigwerden von Planeten
2. die Zeichen- oder Hauswechsel der progressiven Planeten
3. die Aspekte der progressiven Planeten untereinander
4. die Aspekte der progressiven Planeten zu den Radixplaneten
5. der progressive AC und MC

Zu 1.

Sicherlich sind Sie schon Menschen begegnet, von denen Sie meinen, sie hätten ein Leben lang Glück. Man stelle sich nur vor, der progressive Jupiter ist über Jahre hinweg stationär oder dann rückläufig am AC. Oder aber das Gegenteil ist der Fall: der progressive Saturn steht über Jahre hinweg am MC. Das erklärt eine jahrelange Pechsträhne.

Zu 2.

Je nachdem, welcher Planet das Zeichen oder Haus wechselt, zeigt sich eine über Jahre andauernde neue Lebensphase. Mit dem schnellsten Tempo haben wir es beim progressiven Mond zu tun.
Diesem kommt eine besondere Bedeutung zu.
Seine Wirkung spürt man pro Zeichen ca. 2 Jahre lang.
Die Stellung des progressiven Mondes in Zeichen oder Haus zeigt das Hauptthema, mit dem sich der Horoskopeigner in dieser Zeit befassen muss (siehe Tabelle im Anhang).

Zu 3.

Als markant anzusehende positive wie auch negative Lebensphasen (je nach Qualität der Planeten) zeigen sich die progressiven Planeten untereinander.

Zu 4.

Ebenso, wie die progressiven Planeten untereinander zeigen sich die Progressionsplaneten in Verbindung mit den Radixplaneten als wichtig.

Zu 5.

Der progressive AC und MC erweisen sich als Auslöser für Ereignisse.

Die Wirkungsdauer der Progressionen ist von der Geschwindigkeit der Planeten abhängig. Ich berücksichtige einen Orbis von 1°.

Die Tertiärdirektion (Monddirektion)

Die Tertiärdirektionen finden in Europa recht selten Verwendung. Sie werden am häufigsten in den USA eingesetzt.

Bei den Tertiärdirektionen geht man ebenfalls von dem Schlüssel 1 Tag = 1 Jahr aus. Vom Geburtstag an werden entsprechend dem Lebensalter die Tage in der Ephemeride abgezählt und es wird der Mondstand an diesem Tag abgelesen. Die Differenz zwischen dem „neuen Mondstand" und dem Geburtstagsmondstand ergibt die Monddirektion. Diese Monddirektion wird auf sämtliche Radixplanetenstände und Achsen addiert und diese Tertiärdirektionen werden ins Verhältnis zum Radixhoroskop gebracht. Der progressive Mond aus den Sekundärdirektionen ist logischerweise mit dem tertiärdirektiven Mond identisch. Die Deutung verläuft wie bei allen anderen Direktionsmethoden.

Die multiplen Direktionen

Mit den multiplen Direktionsmethoden hat sich intensiv Stephan A. Lehrieder auseinandergesetzt. Er hat hierüber genaueste Forschungen betrieben und diese Forschungen in seinem Buch Astro`pur veröffentlicht. Grundsätzlich gibt es 5 „Multis", M1, M2, M3, Multi Null Ost und Multi Null West.

Auch er hatte die Erfahrungen gemacht, dass bisherige Deutungsmethoden unzureichend sind und man nicht alles erkennen kann.

So hatte er mehr als 50 Jahre astrologische Forschungen betrieben, erkannte, dass nichts auf der Welt zufällig ist und befasste sich sogar astrologisch mit der Ziehung der Lottozahlen, um seine Methoden genau herzuleiten.

Die Transite

Die allgemein verwendete Prognosemethode wird in der Astrologie mit der Deutung der Transite vorgenommen.

Die Transite der laufenden Planeten mit Ihren Aspekten auf
die Radixplaneten zeigen die allgemein wirksame Zeitten-
denz an.

Aber sie sind auch die Auslösungen für die in den Direktionen
und Progressionen aufgezeigten Ereignisse. Daher sind Prognosen ohne Analyse der Direktionen und Progressionen oft
vage, wobei die Kraft der langsam laufenden Planeten vor allem
in direkten Aspekten auf die Radixhoroskopplaneten oder Achsen starke Auswirkungen zeigen und somit leicht nachvollziehbar für Prognosen herangezogen werden. Je langsamer ein
Planet ist, desto stärker ist die spürbare Auswirkung.
So ist leicht erkennbar, dass ein transitierender Planet Pluto im
2. Haus starke Veränderungen in Finanz, Besitz, Werten, etc.
bewirken wird.

Nun bin ich davon ausgegangen, dass nach dem hermetischen Prinzip

Wie innen	–	so außen
Wie oben	–	so unten
Mikrokosmos	–	Makrokosmos
Wie im Himmel	–	so auf Erden

es in der astrologischen Betrachtung genau so sein muss.

Ich bin davon überzeugt, dass nur durch das Prinzip der Span-
nung, der Polarität und der Dualität der Mensch Veränderungsprozesse und Bewusstwerdungsprozesse wahrnehmen
kann.

Ich beobachtete die pränatalen Prognostiken über lange Jahre
und stellte fest, dass hier ursächliche Ereignisse sichtbar werden, deren äußere Belastungen oder Bearbeitungen in der
herkömmlichen astrologischen Prognose erkennbar sind.
Diese Erkenntnis hat zur Folge, dass sämtliche Lebensereignisse bereits vor der Geburt bekannt sind und der Mensch

nach dem Ursache-Wirkung-Prinzip lediglich sämtliche Problematiken zu bearbeiten hat und den Themen unweigerlich ins Auge sehen muss.

Die pränatale Direktion

Bei der pränatalen Direktion zählt man in der Ephemeride die Anzahl der Tage entsprechend dem Lebensalter zurück und ermittelt den Sonnenstand. Die Differenz des Sonnenstands zum Geburtssonnenstand ergibt den Direktionsbogen. Sämtliche Planeten und Achsen werden um diesen Wert zurückgedreht. Die Aspekte zu den Planeten entsprechen natürlich denen der normalen Sonnenbogendirektion; jedoch der Eintritt in Zeichen und Häuser ist ein anderer. Diesem gilt ein besonderer Augenmerk.

Die Regression

Bei der Regression gilt wieder die Regel 1 Tag = 1 Jahr. Entsprechend dem Alter werden in der Ephemeride die Tage zurückgezählt. Es wird ein neues Horoskop erstellt, das in das Verhältnis zum Radixhoroskop gesetzt wird.

Bei der Regression sind zu beachten:

1. Die Rückläufigkeit der regressiven Planeten
2. Die Regressionsplaneten im Eintritt in andere Häuser oder Zeichen
3. Die Regressionsplaneten in den Aspekten untereinander
4. Die Regressionsplaneten in Bezug zu den Radixplaneten
5. Der regressive AC und MC

Die Deutungsmethode entspricht der der Sekundärdirektionen. Interessant ist, dass gerade die Regressionen verborgene Themen anzeigen, die den Horoskopeigner derzeit intensiv beschäftigen.
In den Regressionen kann man also – viel genauer als in den tiefgehenden Progressionen – die von außen auf einen Menschen zukommenden Ereignisse beobachten.

Die pränatalen Transite

Entsprechend dem derzeitigen Alter werden die Anzahl der Jahre, Monate und Tage in der Ephemeride zurückgezählt.

Die pränatalen Transite zeigen – ähnlich wie die normalen Transite Auslösungen für Geschehnisse an. Interessant ist es hier zu beobachten, dass gerade die Langsamläufer eine hohe Aussagekraft entwickeln. So habe ich beispielsweise bei Klienten beobachtet, dass bei einem Durchgang des pränatalen Transitjupiters durch das 6. Haus lukrative Auftragseingänge in seiner Firma zu verzeichnen waren, als der pränatale Transitjupiter anschließend das 5. Haus durchschritt, verliebte er sich, dann, anschließend, als er das 4. Haus durchlief, verkaufte er sein Haus und im 3. Haus war er nur noch auf Reisen etc. Dies alles war mit den herkömmlichen Prognosemethoden (Radix mit Transiten, Direktionen und Progressionen) nicht erkennbar.

Die sensitiven Punkte/Fixsterne/ Asteroiden

Die Wirkung der Fixsterne, Asteroiden und der sensitiven Punkte wurden von den meisten Astrologen verkannt und die Untersuchungsergebnisse dieser Forschungen blieben lange Zeit anderen Astrologen vorenthalten. Erst in letzter Zeit wurde zumindest die Einbeziehung der „sensitiven Punkte" durch einige meiner ehemaligen Schüler medienwirksam publik gemacht. Diese Punkte zeigen mit einer großen Stimmigkeit die starken Einflüsse auf den Horoskopeigner. Nicht nachvollziehbare Eigenschaften, immer wiederkehrende Problematiken sind oft aus dem Geburtshoroskop in Verbindung mit Transiten alleine nicht erklärbar.

Erst unter Einbeziehung dieser Detailinformationen kommt man zu den „Aha"-Erlebnissen.

Die sensitiven Punkte

Bereits in der arabischen Astrologie wurden diese Punkte in der Form der „arabischen Punkte" entwickelt und angewandt, aber mit Ausnahme einiger namhafter Astrologen wurde diese Methode lange Zeit nicht mehr beachtet. Die Errechnung war verwirrend und zeitaufwändig. Seit 1982 erforschte Bruno Mahl die Wirksamkeit der sensitiven Punkte und hat diese in seinem Buch „Die verborgene Macht der arabischen Punkte im Horoskop" veröffentlicht. In letzter Zeit haben nunmehr auch renommierte Astrologieprogramme diese sensitiven Punkte mit eingebaut.

Auch ich befasse mich seit über 25 Jahren mit dieser teilweise doch recht verblüffenden Methode. Ich habe die Erkenntnisse aus meinen eigenen Nachforschungen geprüft und in Verbindung mit den Prognosetechniken für die Feinanalyse von Horoskopen in meinen Seminaren den Schülern weitergegeben.

Anhand der Berechnungsformeln ist sehr gut die Wirksamkeit der Planeten für den jeweiligen sensitiven Punkt ersichtlich.

Abweichend von gängigen Publikationen sehe ich jedoch einen Unterschied bei den sensitiven Punkten Ehefrau 1 und Ehefrau 2 sowie Ehemann 1 und Ehemann 2. Meine Forschungen zeigten stichhaltig auf, dass hier nicht die Reihenfolge der Ehepartner gezeigt wird, sondern die Verknüpfung der Partnerschaftshintergründe.

Dies zeigt sich auch in der Formel der Punkte (siehe Tabelle im Anhang)
Ehemann 1 und Ehefrau 1
Hier spielt klar Venus „ Liebe" eine Rolle

Ehemann 2 und Ehefrau 2
hier spielt Jupiter eine Rolle, der auch unter anderem für Finanzen steht.

Die sensitiven Punkte ziehe ich ebenfalls zwingend mit einem Orbis von 1 Grad in den Direktionen, Progressionen und Transiten mit ein.

Die Fixsterne

Über die Fixsterne haben Hoffmann/Ebertin sowie Frank Felber hinreichende Untersuchungen gemacht und auch Literatur veröffentlicht.

Ihre Wirkungsweise ist bedeutsam.
Die Fixsterne zeigen die von außen kommenden Einflüsse an, die sich stark positiv oder auch negativ auswirken.

Durch einen positiven Fixstern an markanter Position können schwierige Konstellationen kompensiert werden.

Andererseits kann ein „Übeltäter", als Fixstern stark positioniert, das „schönste" Horoskop umkehren.

Die Fixsterne entfalten ihre Kraft lediglich durch die direkte Konjunktion oder Deklination mit anderen Planeten und Achsen. Die anderen Aspekte (Quadrate, Trigone, usw.) werden nicht berücksichtigt.
Bei der Nutzung verwende ich lediglich einen Orbis von 1°.
Die wichtigsten Fixsterne habe ich im Anhang kurz mit angegeben.

Die Asteroiden

Es gibt mehr als 10.000 Asteroiden. Ihr Umlauftempo liegt zwischen 2,5 - 12 Jahren. Die Bedeutung der meisten Asteroiden ist bisher astrologisch unerforscht.

Die Asteroiden liegen als Planetengürtel zwischen den „persönlichen" (Sonne, Mond Merkur, Venus und Mars) und den „sozialen" (Jupiter, Saturn, Uranus, Neptun, Pluto) Planeten.
Sie stellen also eine wichtige Verbindung zwischen dem Persönlichen und dem Sozialen her.
Die Asteroiden filtern alle Energien und Antriebe heraus, nach dem Prinzip: Wie erarbeiten wir uns etwas?

Spannungen zwischen den Planeten und Asteroiden weisen auf innere, psychische Komplexe hin.

Die Asteroiden sind die psychologischen Triebfedern, die den Horoskopeigner zu entsprechenden Aktionen bewegen. Die herkömmlichen Planeten sind eher passiver Natur, während die Asteroiden aktiver Natur sind, also die Motoren für die anderen Planeten darstellen.

Ein schönes Beispiel hierzu ist ein Spannungsaspekt zwischen Juno und Mars (durch Eifersucht wird Aggressivität freigesetzt). Der psychische Komplex von Juno ist Untreue und Eifersucht. Die Passivität von Mars wird durch den psychischen Komplex von Juno in Aggression verwandelt.

Als Orbis verwende ich bei den Hauptaspekten 2,5 Grad.

Die wichtigsten Asteroiden habe ich im Anhang aufgezeigt.

Die Transneptuner

In der Hamburger Schule wurden die Transneptuner (jenseits von Neptun stehend) in Verbindung mit den herkömmlichen Planeten ausreichend erforscht.

Ich beobachtete die Transneptuner ebenfalls in meinen Forschungen und stellte fest, dass sie eine eklatante Bedeutung haben. Die Wirkung insbesondere im Transit ist sehr stark.
In meinen Seminaren gab ich auch diese Erkenntnisse im Hinblick auf ihre Wirksamkeit in der astrologischen Prognose weiter.

Durch Ihre Langsamläufigkeit haben die Transneptuner eine Wirkungsdauer von bis zu 2 Jahren, mit der sie angetroffene Planeten sehr stark - entsprechend ihrer Qualität - beeinflussen.
Ich benutze hier lediglich einen Orbis von ½ Grad.

Eine Auflistung der Transneptuner befindet sich im Anhang.

Anwendung der bisher genannten Prognosemethoden

Anhand nachstehender Beispielhoroskope kann man die Vorgehensweisen, aber auch die sich ergebende Problematik hinsichtlich der präzisen Prognosen nachvollziehen.

Beispiel: Person weiblich, mit Datum der Eheschließung

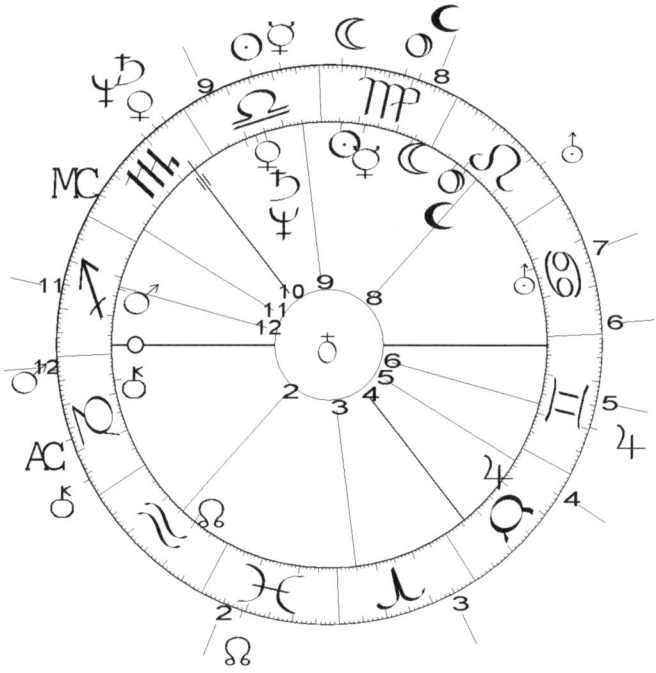

Radixhoroskop mit Sonnenbogendirektion

Dass die Ehe von Seiten des Horoskopeigners in großer Liebe geschlossen wird, zeigt die Mond (Sbg.) Konj. Sonne Radix. Der Mond stammt aus dem 7. Haus, jedoch befindet sich das Zeichen Krebs eingeschlossen in Haus 7. Uranus in Haus 7 im Zeichen Krebs deutet bereits darauf hin, dass die Horoskopeignerin viele Freiheiten in der Ehe benötigt.

Es ist natürlich nicht ersichtlich, ob diese Ehe auch hält. Hier wird lediglich gesagt, dass für den Entwicklungsprozess des Horoskopeigners diese große Liebe unvermeidlich ist.

Bei der Horoskopeignerin ist auch in der Sonnenbogendirektion die Geburt des 1. Kindes fast genau zu sehen.

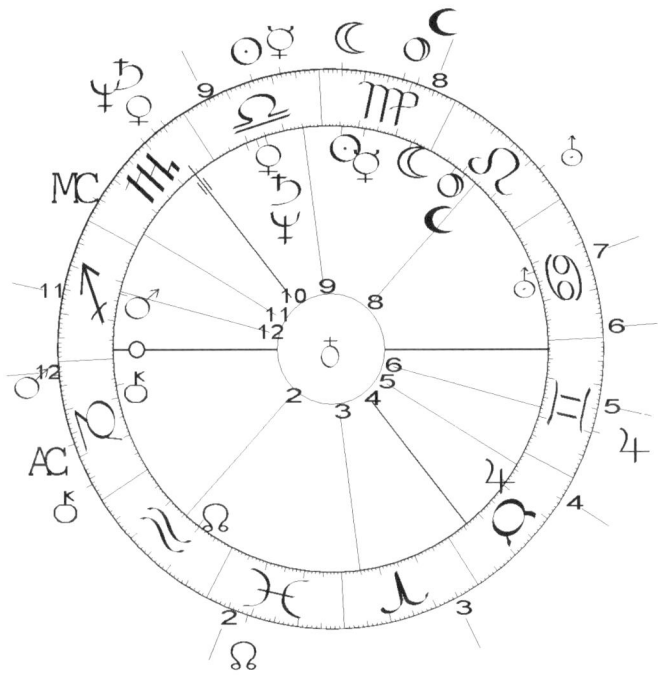

Sonnenbogendirektion – Person weiblich, Geburt 1. Kind

Der Herrscher von Haus 5 (Kinder), die Venus, hat mit der Halbsumme zu Saturn eine Konjunktion zum MC, das heißt, die innere Bereitschaft zur Verantwortung für Kinder wird übernommen.

Doch auch hier steht zur exakten Konjunktion eine Differenz von 3 Bogenminuten.
60 Bogenminuten in der Sonnenbogendirektion entsprechen 1 Jahr, somit entsprechen 5 Bogenminuten einem Monat.

Mit einer Differenz von 3 Bogenminuten hätte das Kind 3 Wochen früher auf die Welt kommen müssen.
Warum ist die Geburt nicht exakt zu sehen?

Sicherlich kann man pauschal einwenden, Saturn hat die Geburt verzögert, aber diese „Entschuldigung" kann man nicht akzeptieren.

Es ist hier erkennbar, dass die in die Tiefe gehende Analyse der Sonnenbogendirektion nur eine grobe Richtung der inneren Wandlungsprozesse anzeigt, nicht jedoch die Auslösung der Ereignisse.

Ich berücksichtige nun die Sekundärdirektion (Progression) in unserem Beispiel.
Die Sekundärdirektion zeigt die äußeren Einflüsse, die bei uns Entwicklungen in Gang setzen.

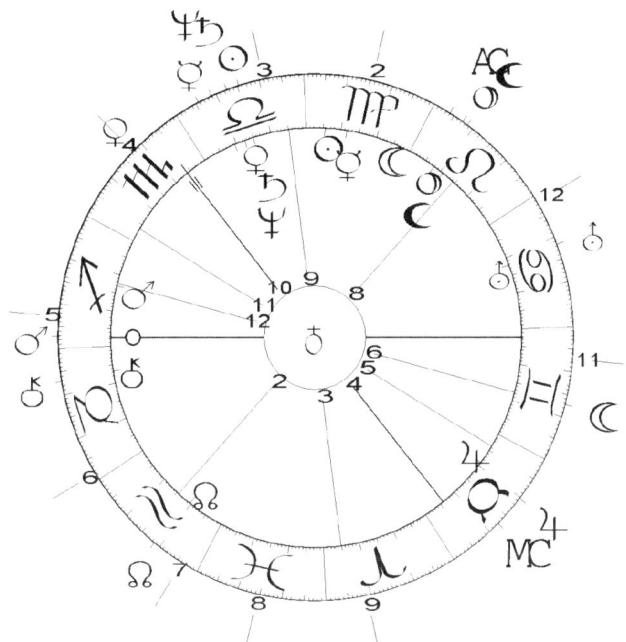

Sekundärdirektion – weibliche Person, Geburt 1. Kind

Der progressive Mond ist zum Zeitpunkt der Geburt in das 6. Haus im Zeichen Zwillinge eingetreten, d.h. reduziert ausgedrückt, der Horoskopeigner muss sich vor allem mit gesundheitlichen, an die Umwelt anzupassenden auch Arbeitsthemen und Fürsorge betreffende Fragen und mit Kommunikation, Bildung, etc. beschäftigen.

Der progressive AC berührt – wieder – fast den Radix - Pluto.

Mit einer Differenz von 48 Bogenminuten haben der Radix - Pluto 22°14´ Löwe, prog. Lilith 21°26´ Löwe eine Konjunktion.

Progressionen mit sensitiven Punkten

Beispiel: weibliche Person, Geburt 1. Kind

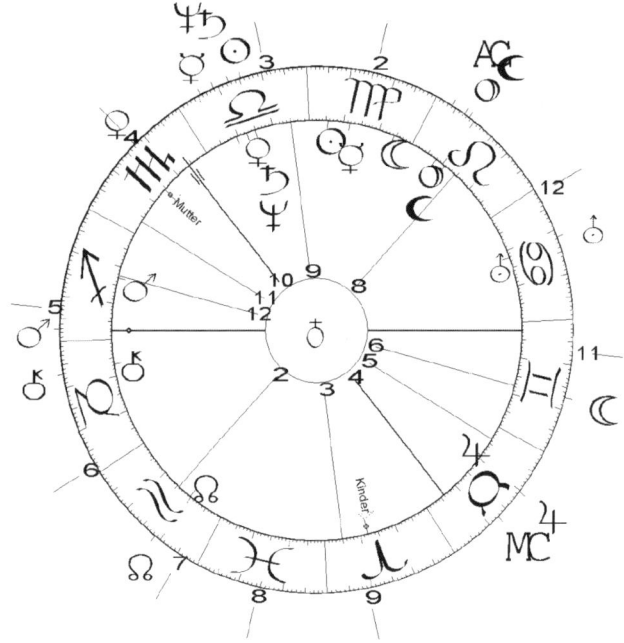

Sekundärdirektionen mit sensitiven Punkten

Nun könnte man meinen, in den Progressionen in Verbindung mit den sensitiven Punkten könne man die Geburt erkennen. Aber auch diese Methode erweist sich als nicht genau. Die Venus als Herrscher des 5. Hauses müsste doch hier eine genaue Konjunktion zum sensitiven Punkt Mutter oder Kinder haben. Es zeigt sich eine Differenz von fast 3°! Das ist nun in der Prognose wirklich nicht glaubwürdig.

Wieder könnte hier ganz schnell als Erklärung die Meinung geäußert werden, da muss eine Geburtszeitkorrektur vorgenommen werden, doch die angegebene Zeit stimmt!

Markante Ereignisse sind also auch in der Progression erkennbar, machen aber aufgrund der zeitlichen Differenzen eine präzise Prognose nicht stimmig.

Warum ist das so?

Nun benutze ich die Transite

Beispiel: Geburt 1. Kind

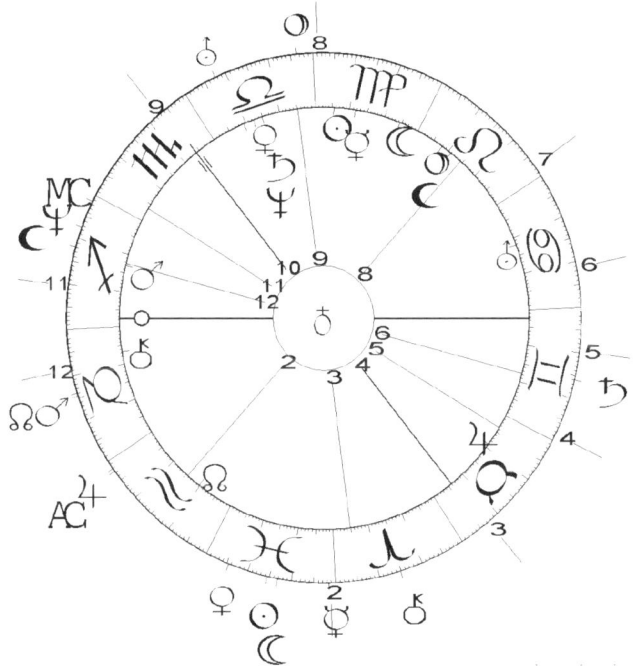

Radixhoroskop mit Transiten

Der Herrscher von Haus 5 ist Venus (in den Fischen). Er steht in Opposition zum Mond (Radix) – aber wieder mit einer Differenz, hier von 5 Bogenminuten. (Venus 5°30′ in den Fischen, Mond Radix 5°25′ Jungfrau). Man würde von hier aus sicherlich nicht auf die Geburt des Kindes schließen, oder?

31

Bei der Kombination der Sekundärdirektionen mit den Transiten ist sogar mit dem progressiven Mond (12°51′ Zwillinge) in Konjunktion zum transitierenden Saturn (13°59′ Zwillinge) das Ende der Mutterschaft sichtbar.

Es ist also vieles schon erkennbar, aber es ist wieder nur eine ungenaue Prognose machbar, die Geburt des Kindes kann man auf diese Weise nicht präzise angeben.

WARUM ?

Ich benutze nun die Regression

Bei der Regression müssen schon vor der Geburt die wichtigen Lebensereignisse angezeigt sein.

Vorgehensweise zur Errechnung der Daten

Unsere Beispielsperson ist zum Zeitpunkt der Geburt des 1. Kindes 20,462 Jahre (genau 20 Jahre, 168 Tage, 14 Std, 50 Min) alt.

Diese Daten werden vom Geburtsdatum des Horoskopeigners aus zurückgerechnet, somit ergibt sich ein neues vorgeburtliches Datum.

Auf dieses Datum wird die Sekundärdirektion gestellt und es ergibt sich die Regression.

Beispiel: Geburt 1. Kind

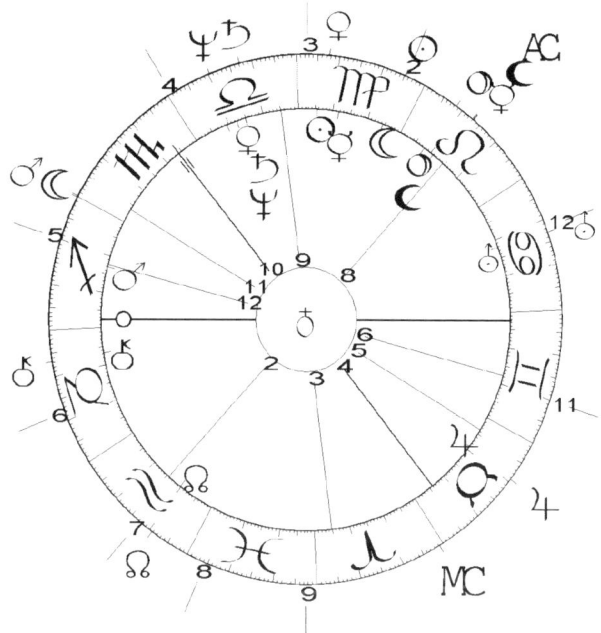

Radixhoroskop mit Regression

Hier kann man die Geburt des Kindes genau erkennen. Der regressive AC steht gemeinsam mit Merkur an Hausspitze 8. (Das Prinzip des 8. Hauses ist ja die Betonung „sich mit dem Thema Leben und Sterben" auseinanderzusetzen).

Zusätzlich steht die regressive Sonne in Konjunktion zum Radix-Mond auf der Spitze des regressiven 2. Hauses in Opposition der Spitze des regressiven 8. Hauses.

Die Venus, Herrscherin des 5. Radixhauses steht ungefähr regressiv auf der Sonne.

Pränatale Transite mit sensitiven Punkten und Transneptunern

Nimmt man die sensitiven Punkte hinzu, so erkennt man, dass die pränatale Transitsonne genau auf dem Kinderpunkt steht.

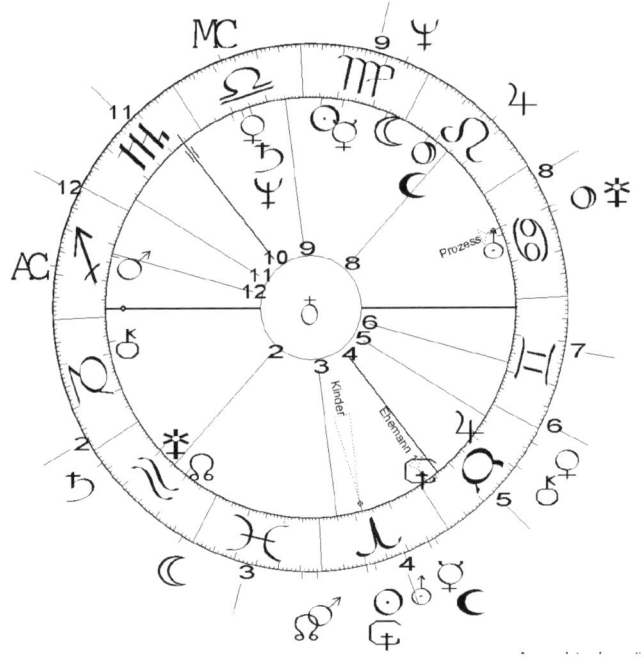

Bereits hier ist erkennbar, dass der Vater des Kindes eifersüchtig ist und in Konkurrenz zum Kind tritt – Juno auf sensitivem Punkt Prozess im 7. Haus.

Dass es zu einer späteren Trennung in der Partnerschaft kommen wird, ist zusätzlich ersichtlich: Der pränatale Transitpluto steuert im 7. Haus ebenfalls auf den Prozesspunkt zu.

In den pränatalen Transiten trifft Hades in Verbindung mit der Sonne direkt auf den sensitiven Punkt Kinder. Es wird die Aussage, dass der Ehemann gegen die Vaterschaft eingestellt ist, hier nochmals bestätigt.

Die Nutzung der Regressionen sowie der pränatalen Transite zeigen bereits die Zwangsläufigkeit der Ereignisse an, die erlebt werden müssen.
Die Begleiterscheinungen dieser Ereignisse sehen wir in den Direktionen/Progressionen und Transiten.

Die weitere Lebensentwicklung war nur unter Einbeziehung der sensitiven Punkte und allen übrigen prognostischen Methoden klar ersichtlich.

Obwohl im Beispiel der Person 1 wesentlich tiefer als üblich mit Sonnenbogen, Progressionen, Transiten, Regressionen, pränatalen Transiten, der Einbeziehung von Fixsternen, Asteroiden, Transneptunern und sensitiven Punkten eingegangen wurde, ergab sich bei den einzelnen Prognosearten jeweils eine Differenz von einigen Graden oder Bogenminuten. Dies dürfte nicht sein!

Auch in anderen Horoskopen gab es Unstimmigkeiten, entweder durch Zeitdifferenzen, oder durch Nichteintreffen von Ereignissen.
Diese Diskrepanz stellte ich bei den Intensivforschungen generell fest.

Die zeitlichen Differenzen ließen mir keine Ruhe.
1992 fiel mir das Buch „Personare" von Peter Orban und Ingrid Zinnel in die Hände. Die Gedankengänge aus diesem Buch überzeugten und inspirierten mich.

Wie ich bereits eingangs aufführte, waren diese Überlegungen und Untersuchungen so stimmig für mich, dass ich fortan zusätzlich die Personare in meine Nachforschungen einbezog.

Jahrelang forschte ich die Stimmigkeiten in allen bereits genannten Prognosearten nach.

Hier war die Antwort auf meine Fragen zu finden.

Ich prüfte die Aussagekraft der einzelnen Planetenpersonare, bezog darauf die Prognosemethoden und fand die Lösung!

Was sind Personare?

Die Personare zeigen an, wie wir die Kräfte der einzelnen Planeten ausleben.

Sie geben ein genaueres Bild der Radixplanetenpositionen an. Sie erläutern uns, in welcher Art und Weise wir diese Kräfte empfangen und wie wir sie verwerten. Sie zeigen uns die Geheimnisse und Hintergründe der einzelnen Planeten unseres Geburtshoroskops.

Grundsätzlich gilt für die Berechnung eines Personares:

Es wird der erste Sonnenübergang während des ersten Jahres nach der Geburt über einen Radixplaneten genommen.

Beispiel: die Sonne transitiert im ersten Jahr nach der Geburt den Radix-Mond, dieser Zeitpunkt wird festgehalten und es wird ein neues Horoskop auf den Geburtsort erstellt. Dies ist das Mondpersonar.

Es ist so, als ob die Sonne die Kräfte dieses Radixplaneten aktiviert – die Sonne küsst den Mond wach. Eigentlich ist es klar: Durch den Transit der Sonne über den jeweiligen Planeten wird diesem Planeten die dementsprechende Kraft geschenkt.

Bei der Personardeutung betrachte ich das Verhältnis vom Radixhoroskop zu dem gewünschten Personarhoroskop.

Bei der Deutung wird vor allem der Personarhoroskopaszendent, dessen Herrscher, der Standort des Herrschers, der Personarplanet und die Sonne unter die Lupe genommen, desgleichen in welchem Haus sich der Radixaszendent befindet und natürlich auch die Achsen. Das MC zeigt den Zweck, die Zielrichtung an.

Das Mondpersonar

Das Mondpersonar erläutert uns unsere Mütterlichkeit, wie wir unsere Mütterlichkeit ausleben, wie wir zu unserer Mutter stehen.
Weiterhin gibt es uns Aufschlüsse über unsere seelische Stabilität und zeigt, wie wir empfinden.

Das Merkurpersonar

Das Merkurpersonar zeigt unsere geistige Wendigkeit und inwieweit wir die Merkureigenschaften anwenden können. Es erläutert uns unsere Art zu kommunizieren.

Es gibt Aufschluss darüber, inwieweit wir Gedanken und Ideen von anderen annehmen können, außerdem inwieweit wir ehrlich anderen Menschen gegenüber sind, lügen wir oder werden wir belogen. Es zeigt auch unsere geistige Kreativität. Es weist auf, inwieweit wir andere beeinflussen oder beeinflussbar sind.

Wie sind unsere geistigen Kräfte (z.B. wenn jemand im Merkurpersonar Neptun am Aszendenten stehen hat, ist er nicht ehrlich oder neigt zur Selbsttäuschung).

Natürlich kann man hier einiges zum geistigen Intellekt aussagen, ob ein Kind Lernschwierigkeiten hat, ob es hochbegabt ist oder ob es einer besonderen Förderung bedarf.

Das Venuspersonar

Das Venuspersonar entschlüsselt, in welcher Art und Weise man die Venuskräfte auslebt.
Hat jemand künstlerische oder auch musische Interessen und Begabungen?
Sind wir empfänglich für diese Kräfte, leben wir diese Kräfte aus oder geben wir sie vielleicht sogar weiter?
Wie gehen wir mit den Themen Essen, Trinken, Wohnen um?
Sind wir fähig, Liebe zu geben oder auch zu empfangen? Gerade im Hinblick auf Verhaltensmuster in Beziehungen ist das Venuspersonar hochinteressant.

Das Marspersonar

Das Marspersonar stellt dar, wie aktiv wir sind, wo und wie wir unsere Kraft verwenden. Sind wir aktive Menschen, oder ist das, was wir in Angriff nehmen, halbherzig? Ist unser Tun effektiv? Fruchten unsere Aktivitäten oder werden unsere Energien fehlgeleitet? Das Marspersonar weist auf, inwieweit wir unsere Aggressivität ausleben. Es zeigt also, ob wir friedlich oder aggressiv, aktiv oder passiv sind. Besitzen wir Durchsetzungsfähigkeit oder nicht und wo setzen wir sie ein? (Jemand hat beispielsweise im Geburtshoroskop den Mars in der Waage stehen, er ist also augenscheinlich ein friedlicher Mensch. Wenn jedoch im Marspersonar Pluto am Aszendenten steht, neigt er zur Aggression oder Gewalttätigkeit).
Des Weiteren benutze ich das Marspersonar bei beruflichen oder auch gesundheitlichen Fragestellungen.

Das Jupiterpersonar

Das Jupiterpersonar deutet uns unsere geistigen Kräfte an, unser Wachstum, unsere „Religio", inwieweit sind wir gläubig oder beeinflussbar bezüglich unseres Glaubens. Es zeigt uns ebenfalls an, wie wir mit dem Thema Wachstum, Reichtum und Wohlstand umgehen, wären wir gute Vermögensverwalter für andere oder werden wir selbst einmal vermögend? Interessant ist hier auch die Beobachtung der Prognoseinstrumente bezüglich des Jupiterpersonars, beispielsweise bei einer Vermögensanlage, einem Hauskauf, im Umgang mit Erbschaft oder dergleichen. Auch rechtliche Angelegenheiten werden mit Hilfe des Jupiterpersonars beleuchtet.

Das Saturnpersonar

Das Saturnpersonar zeigt uns unsere Selbstbeherrschung, inwieweit sind wir diszipliniert oder verlässlich. Erleben wir Begrenzungen oder Einschränkungen? Es sagt auch etwas darüber aus, wie wir mit dem Thema Autorität umgehen. Wollen wir andere beherrschen? Lassen wir uns einschüchtern? Bekommen wir nur Pflichten und Verantwortungen, oder geben wir Pflichten und Verantwortungen an andere ab. Im Saturnpersonar lassen sich auch Schwierigkeiten im Umgang mit Behörden erkennen.

Das Uranuspersonar

Das Uranuspersonar beschreibt unsere Wendigkeit, unser Innovationsbestreben, aber auch, wie wir mit der Astrologie umgehen. Wo leben wir die Astrologie aus und wie leben wir sie aus? Werden wir einmal Berufsastrologe und wo kommen die astrologischen Interessen her?

Sind wir Neuerungen aufgeschlossen? Wie ist es um unsere Flexibilität bestellt? Sind wir ängstlich, wenn etwas Neues auf uns zukommt? Sind wir Selbstentdecker? Wie stehen wir zum Thema Technik?

Das Uranuspersonar zeigt uns den Bezug zu neuen Strukturen. Es zeigt uns aber auch, welche Dinge uns langweilen, was wir spannend finden und in welchen Bereichen wir dazu neigen, auszubrechen.

Das Neptunpersonar

Das Neptunpersonar erläutert uns unser Verhältnis zu Drogen und Süchten. Haben wir die Veranlagung zur Suchtabhängigkeit? Wie leben wir unsere Ideen und Träume aus? Wie ist es mit unserer Spiritualität bestellt?
Es zeigt uns aber auch unsere geheimsten Wünsche.
Das Neptunpersonar zeigt auch an, ob man unehrlich ist, oder ob man belogen oder betrogen wird.
Das Neptunpersonar ist ebenfalls ein Instrument zur Analyse von psychologischen Fähigkeiten.

Das Plutopersonar

Das Plutopersonar erörtert, inwieweit wir unseren eigenen Machtanspruch geltend machen und inwieweit wir die Macht der anderen zulassen. Es beschreibt uns auch die Macht unserer unbewussten Kräfte. Haben andere Zugriff zu unserem Unbewussten und wo machen wir unsere eigenen unbewussten Kräfte geltend? (Hier erkennt man die Anwendung von Magie, Huna-Magie, Reiki, etc.)

Das Mondknotenpersonar

Während durch den Mondknoten im Geburtshoroskop die karmische Aufgabe in dieser Inkarnation erläutert wird, zeigt uns das Mondknotenpersonar den Weg, in welcher Art und Weise wir diese Aufgabe ausleben. Man erkennt genau, welche äußeren Einflüsse an uns herangetragen werden, damit wir unserer karmischen Aufgabe gerecht werden.

Prognosen mit den Personaren

Wenn man die Energien der einzelnen Planeten detailliert analysieren kann, dann muss man logischerweise damit auch Prognosen machen können.

Während man im Geburtshoroskop in Verbindung mit den Sonnenbogendirektionen, den Sekundärdirektionen und den Transiten zwar zeitlich ungefähr die Schwangerschaft (siehe Beispiel 1 Person weiblich) sehen kann, können wir im Mondpersonar in Verbindung mit den Personardirektionen, Personarprogressionen und Personartransiten die Geburt eines Kindes im Voraus auf den Tag genau erkennen.
Fragen bezüglich der Mutterschaft, Erziehungsproblemen mit Kindern, das Verhältnis zur eigenen Mutter, werden durch das Arbeiten mit dem Mondpersonar klar beantwortet.

Bei prognostischen Fragen bezüglich Vertragsabschlüssen, bei Prüfungen oder Klassenarbeiten von Schülern, bei Lernschwierigkeiten von Kindern benutze ich das Merkurpersonar zuzüglich der oben erwähnten Prognosemethoden.

Interessant ist auch das Venuspersonar. Wenn man das Verhaltensmuster oder auch das Beziehungsmuster des Horoskopeigners beleuchtet hat, kann man mit Hilfe der Prognose genau erkennen, wann wichtige Begegnungen oder Ereignisse in der Partnerschaft stattfinden; man stellt fest, wann Krisen sind und wann Versöhnungen stattfinden. Auch stellt man taggenau fest, wann Begegnungen stattfinden und welcher Art sie sind.

Mittlerweile benutze ich das Venuspersonar in der Synastrie zum Radixhoroskop des Partners und stelle genau fest, ob eine Partnerschaft für die „Ewigkeit" geschlossen wird, oder ob sie lediglich temporärer Natur ist.

Bei beruflichen Fragen betrachtet man das Marspersonar, um die Fähigkeiten des Horoskopeigners genauer zu analysieren. Wenn man die Personardirektion, die Personarprogression und die Personartransite zum Marspersonar hinzuzieht, sieht man genau, wann zum Beispiel die Beendigung einer Tätigkeit oder der Start eines neuen Jobs beginnt.

Des Weiteren habe ich beobachtet, dass gerade bei gesundheitlichen Fragestellungen das Marspersonar in Verbindung mit den prognostischen Methoden von herausragender Bedeutung ist.

Man kann also mit Hilfe der Personare die Dinge im Detail beleuchten, Verhaltensmuster aufdecken und durch entsprechende Prognosemethoden genau erkennen, wie diese Verhaltensmuster aktiviert werden. Somit ist nun eine präzise Prognose möglich!

Auf die große Bedeutung der kompletten Anwendung der Prognosearten der:

- Sonnenbogendirektionen
- Sekundärdirektionen
- Transite
- Pränatalen Direktionen
- Regressionen
- Pränatalen Transite
- in Verbindung mit den Asteroiden, Fixsternen, Transneptunern und den sensitiven Punkten

habe ich eingangs bereits hingewiesen.

Auch diese wende ich bei den einzelnen Personaren an, um innere und äußere Entwicklungen klar und detailliert erkennen zu können.

Um eine Differenzierung zur Prognose des Geburtshoroskopes herzustellen, benutze ich fortan bei der Prognose mit den verschiedenen Personaren die Begriffe:

- Personardirektionen
- Personarprogressionen
- Personartransite

Zur Erläuterung nehmen wir ein anderes Beispiel einer Mutter mit mehreren Kindern.

Beispiel 2: weiblich, zum Zeitpunkt der Geburt 1. Kind

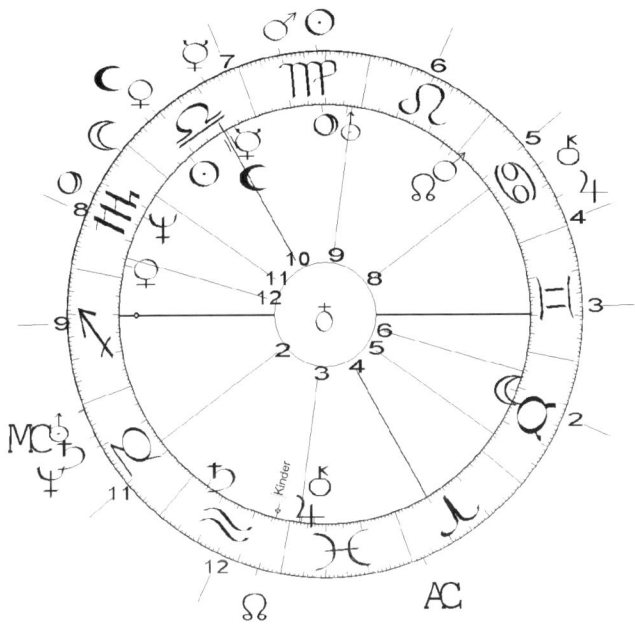

Radixhoroskop mit Transiten

Unter Berücksichtigung der Anwendung der sensitiven Punkte erkennt man, dass der nördliche Mondknoten den Kinderpunkt fast berührt. Das bedeutet, dass der Horoskopeigner eine Verbindung zu Kindern bekommt. Dies reicht zu einer seriösen Prognose nicht aus. Alle 18 Jahre steht der nördliche Mondknoten an dieser Stelle.

Beispiel 2: weiblich, zum Zeitpunkt der Geburt 1. Kind

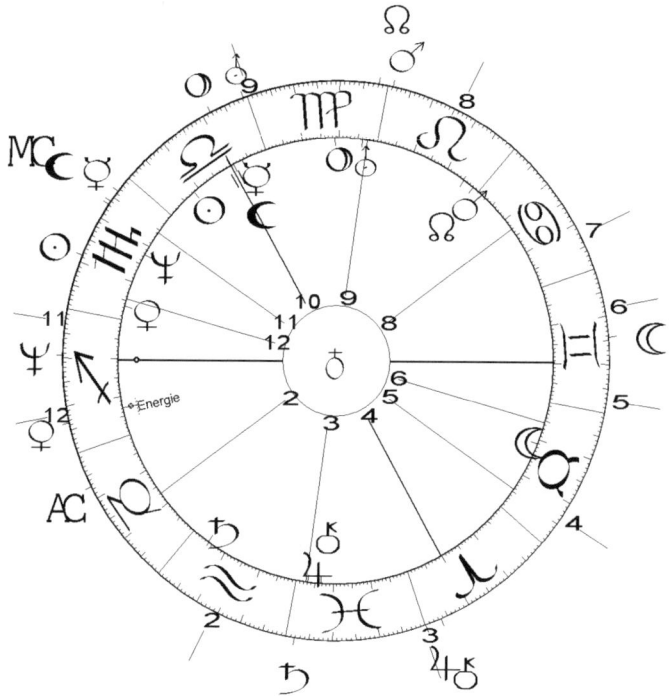

Radixhoroskop mit Sonnenbogendirektion

Hier ist zu sehen, dass der Sonnenbogendirektions IC an Spitze des 5. Hauses steht, der Herrscher des 5. Hauses, Venus, steht auf dem sensitiven Punkt Energie. Das bedeutet, dass der Horoskopeigner sich intensiv mit dem Thema Kinder beschäftigt.

Beispiel 2: weiblich, zum Zeitpunkt der Geburt 1. Kind

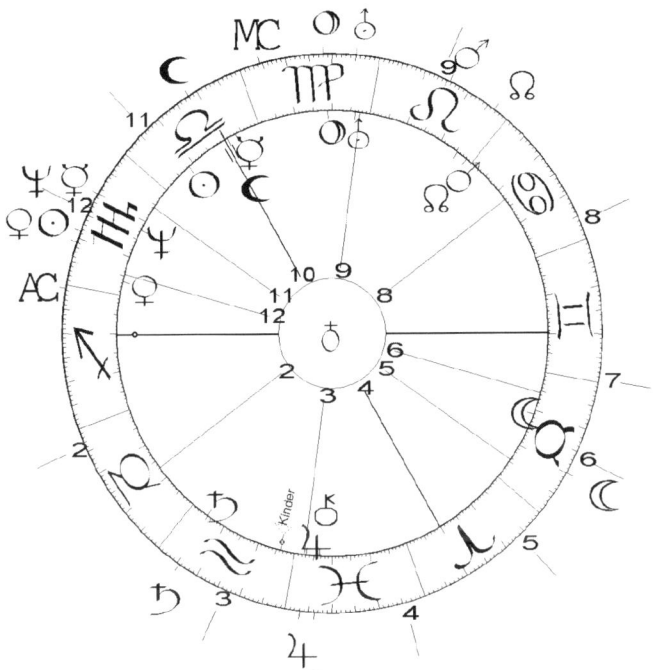

Radixhoroskop mit Sekundärdirektionen

Der progressive Mond begann 4 Monate zuvor, das 5. Haus zu durchqueren. Hier kann man ebenfalls das Thema Kinder ableiten. Nur ist daraus nicht der Geburtszeitpunkt ersichtlich.

Die Berücksichtigung des Mondpersonars

Beispiel 2: weiblich, zum Zeitpunkt der Geburt 1. Kind

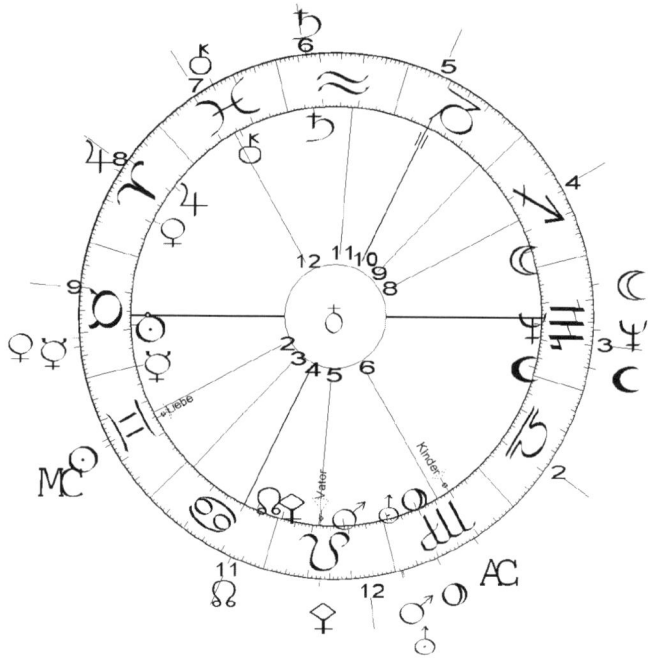

Mondpersonar und Personarprogression

Es ist sofort erkennbar, worum es hier geht. Im Mondpersonar (wie gehe ich mit meiner Mütterlichkeit um?) steht der personarprogressive AC genau auf dem sensitiven Punkt Kinder (ich identifiziere mich mit dem Thema Kinder), das personarprogressive MC auf dem sensitiven Punkt Liebe (meine Zielsetzung ist es, Liebe zu zeigen), die Sonne steht in der Halbsumme AC/personarprogressive Venus und weist auf eine liebevolle Identifikation als Mutter.

Der Asteroid Pallas steht direkt auf dem sensitiven Punkt Vater, somit sind bei der Mutter die schöpferisch-kreativen Anteile, die normalerweise der Vaterrolle zustehen, gefordert. Die Mutter ist allein erziehend.

Beispiel 2: weiblich, zum Zeitpunkt der Geburt 1. Kind

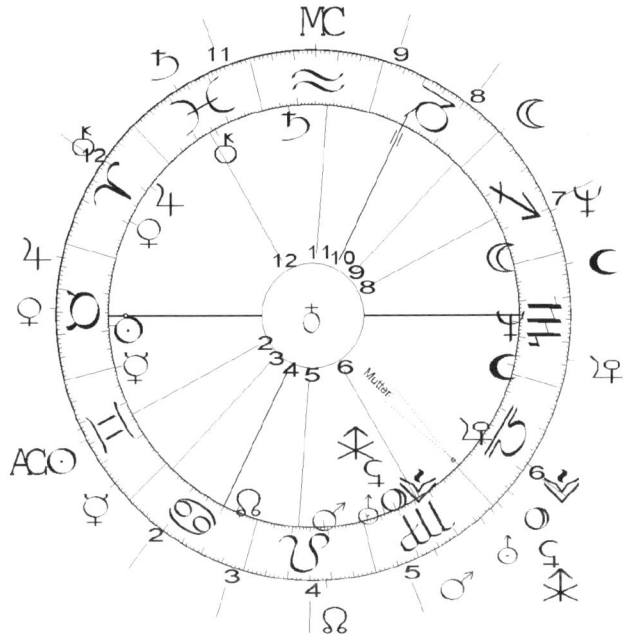

Mondpersonar und Personardirektion

Hier steht die Sonne an der Spitze der Häuserachse 2/8, die auch mitverantwortlich für die astrologische Darstellung von Geburten steht (Leben und Tod).

Die Halbsumme von Zeus und Ceres steht auf dem sensitiven Punkt Mutter (im 6. Haus) die machtvolle Aufgabe (Zeus) der Fürsorge und Hilfsbereitschaft (6. Haus) wird der Mutter bewusst und sie baut mit der Geburt dieses Kindes ihr Selbstwertgefühl (Ceres) auf. Damit kompensiert sie hervorragend den psychischen Komplex, der durch Ceres dargestellt wird (Magersucht, Fresssucht, Isolation, Depression).

Der Asteroid Vesta steht auf dem Transneptuner Cupido (die Mutter hat das Gefühl, etwas Nützliches für die Familiengemeinschaft zu tun).

Der Mondknoten steht minutengenau auf Mars im 5. Haus.

Beispiel 2: weiblich, zum Zeitpunkt der Geburt 1. Kind

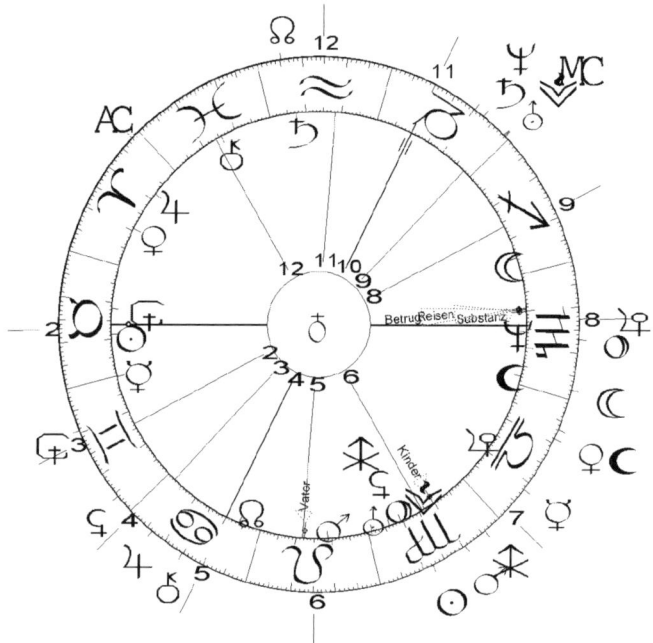

Mondpersonar und Personartransite

In dieser Grafik zeigt die genaue Mond Konj. Lilith (schwarzer Mond), dass die Geburt dieses Kindes schicksalhaft bestimmt ist. Zum Geburtszeitpunkt steht der nördliche Mondknoten genau auf Saturn, was die Verantwortungsübernahme der Mutter zu dem Kind anzeigt, gleichzeitig weist diese Konstellation darauf hin, dass die Mutter eine gewisse Strenge gegenüber dem Kind an den Tag legen wird.
Mars hat eine Konj. zum sensitiven Punkt Kinder. Die Spitze des 5. Hauses der Personartransite steht am IC, das sind Hinweise auf die Geburt des Kindes und das sogar minutengenau! Pluto und Cupido in Halbsumme zum DC deutet schon an, dass die Mutter einen Wandlungsprozess in der Partnerschaft durch die Geburt des Kindes erfährt.

Hinweis: Cupido und Pluto bewegen sich später auf die sensitiven Punkte Betrug, Reisen und Substanz zu. Damit wird bereits dargestellt, dass die Partnerschaft bald beendet sein wird.

Im Mondpersonar ist bereits verankert, dass diese Mutter generell Schwierigkeiten mit den Vätern ihrer Kinder hat, da der Transneptuner Hades im Quadrat zum Vaterpunkt steht.
Sie wird hier stets Enttäuschungen erleben.
Die Väter werden sich bei ihr immer als unverantwortlich zeigen oder zurückziehen, wenn sie in ihrer Verantwortung gefordert sind.
Andererseits setzt sich die Mutter wie eine Löwin für ihre Kinder ein. Dies wird durch Ceres - Pluto - Zeus dargestellt, durch ihre Einsatzbereitschaft stärkt sie gleichzeitig ihr Selbstwertgefühl, indem sie die Fürsorgepflichten für die Kinder übernimmt.

Beispiel 2: weiblich, zum Zeitpunkt der Geburt 2. Kind

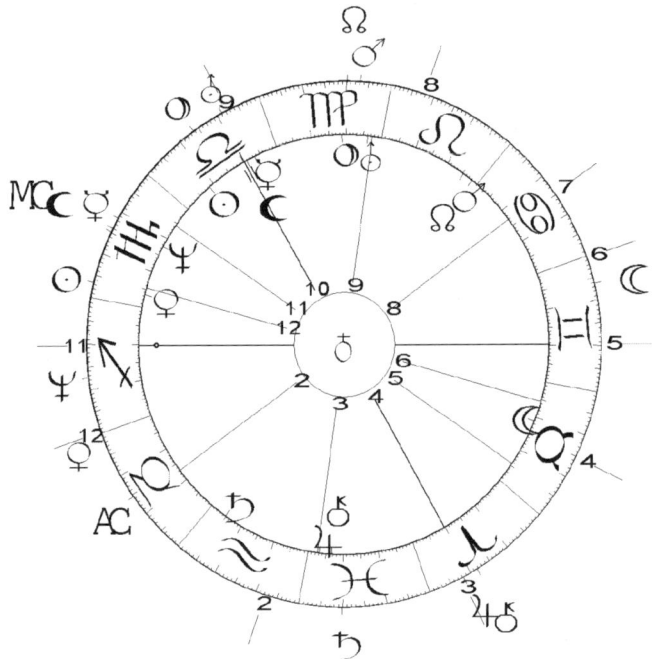

Radixhoroskop mit Sonnenbogendirektion

Die Geburt dieses Kindes wird in den Sonnenbogendirektionen durch eine Sonne Konj. Venus (Herrscher aus Haus 5) im 12. Haus dargestellt, jedoch besteht hier eine Abweichung zum Geburtstermin von 6 Bogenminuten, sodass man den Geburtstermin anhand dieser Darstellung auf ungefähr 5 Wochen früher prognostizieren würde. Gleichzeitig steht der AC auf der Spitze von Haus 2/8 mit einer Abweichung von 1 Grad 37 Bogenminuten (Haus 2/8 deutet auf das Thema Stirb und Werde). Man erkennt also hier wieder zeitliche Abweichungen.

Beispiel 2: weiblich, zum Zeitpunkt der Geburt 2. Kind

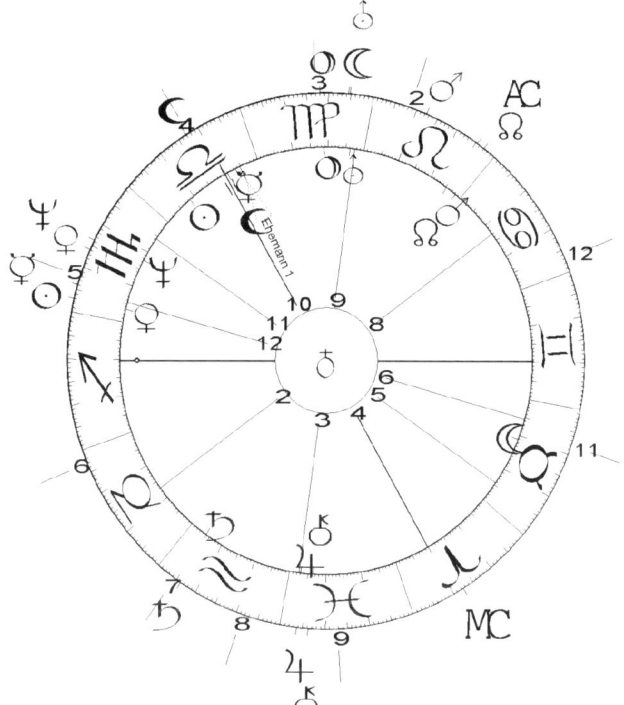

Radixhoroskop mit Sekundärdirektionen

Hier ist lediglich ersichtlich, dass der progressive AC in die Opposition zu Saturn geht. Dies zeigt nur an, dass die Horoskopeignerin Verantwortung übernehmen muss, bezüglich der Geburt ist hier nichts erkennbar.

Beispiel 2: weiblich, zum Zeitpunkt der Geburt 2. Kind

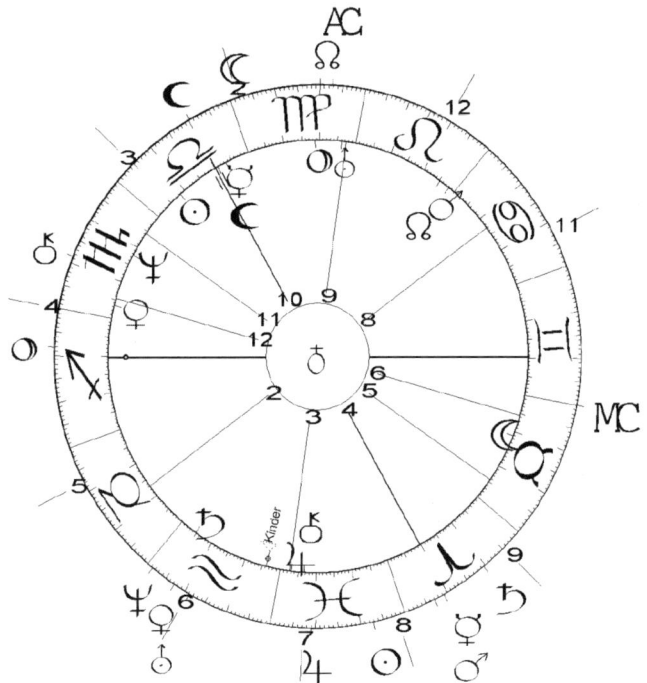

Radixhoroskop mit Transiten

Hier sind zum Zeitpunkt der Geburt des 2. Kindes zwei wichtige Konstellationen vorhanden.
Transit DC befindet sich in Konj. zu Chiron, Merkur (Herrscher des 7. Hauses) befindet sich am IC (das 7. Haus ist das 3. Haus des 5. Hauses, also das Geschwister zum Kind). Dies deutet den Kontakt zu einem weiteren Kind an.

Die Deutung mit dem Mondpersonar

Beispiel 2: weiblich, zum Zeitpunkt der Geburt 2. Kind

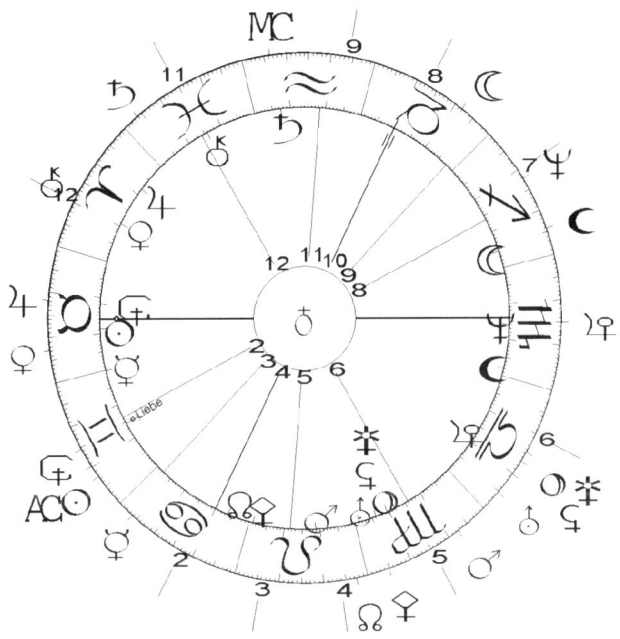

Mondpersonar mit Personardirektion

Es fällt sofort ins Auge, dass der Personardirektions-MC direkt auf Saturn steht, es wird wiederum an die Verantwortung ihrer Mütterlichkeit appelliert.
Die personardirektive Pallas Quad. Mond zeigt, dass der Vater in der kreativen Rolle durch das Kind gefordert wird, die Mutter wird jedoch schlussendlich die Rolle des Vaters übernehmen. Pallas in Konj. zu Ceres, die Mutter übernimmt wiederum die soziale Fürsorge, sowie die Mutter- und Vaterrolle.
Durch die Konj. von Ceres zu Cupido im 6. Haus erwartet die Mutter die soziale Hilfestellung der Gemeinschaft. Diese Konstellation steht in Opp. zu Jupiter, es entsteht gleichzeitig ein Kampf um Finanzen. Dies wird noch unterstrichen durch den personardirektiven Jupiter, der zum Transneptuner Hades

im 12. Haus eine Konj. bildet. Auch ist angezeigt, dass mit Hades auf dem sensitiven Punkt Liebe die Liebe zum Partner geschwächt ist.

Beispiel 2: weiblich, zum Zeitpunkt der Geburt 2. Kind

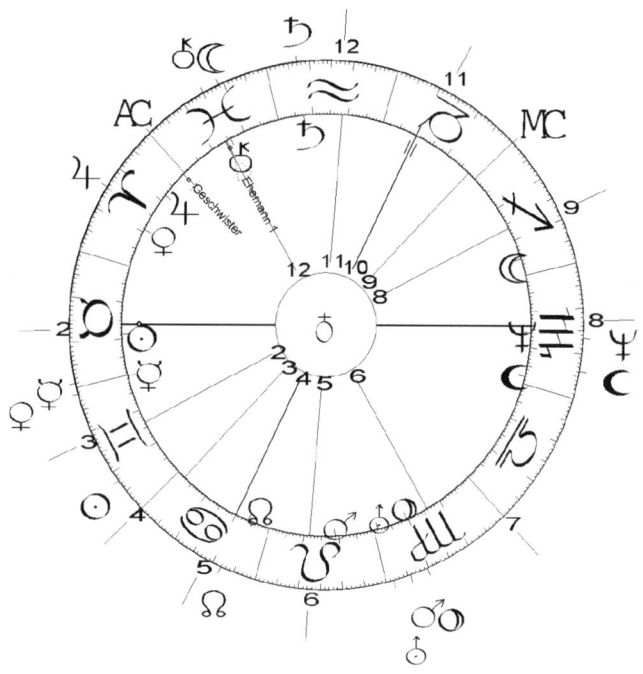

Mondpersonar mit Personarprogression

Wie bildhaft und einfach ist es, die Geburt zu sehen! Der personarprogressive AC zum Zeitpunkt der Geburt des 2. Kindes berührt exakt den sensitiven Punkt Geschwister.
Der personarprogressive Mond steht in der Nähe des sensitiven Punktes Ehemann 1, also ist es ein Kind der Liebe. Auch haben wir wieder einen Achsentausch, Hausspitze 5 der Personarprogression steht am IC. Also, auch mit den Personarprogressionen kann man taggenau die Geburt eines Kindes prognostizieren.

Beispiel 2: weiblich, zum Zeitpunkt der Geburt 2. Kind

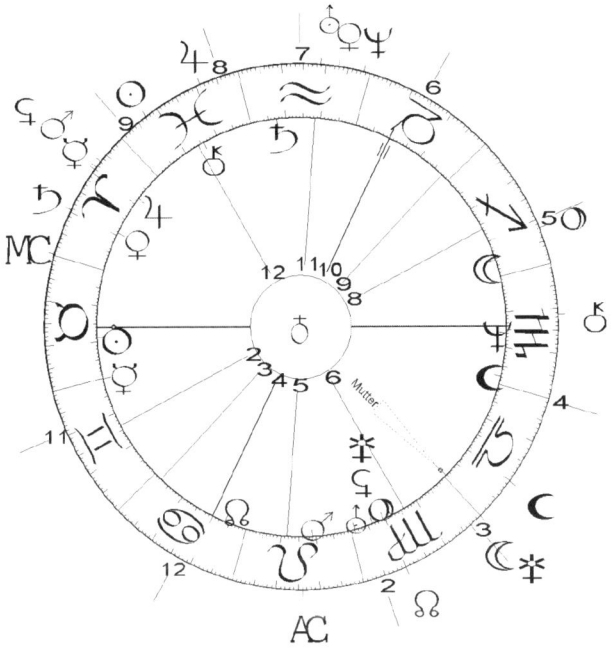

Mondpersonar mit Personartransiten

Der Asteroid Juno steht auf dem sensitiven Punkt Mutter, und beschreibt, dass die Mutter mit dem Thema Eifersucht in punkto Partnerschaft konfrontiert wird. Saturn auf Venus als Herrscher des AC veranschaulicht, dass die Mutter ein strenges Verhalten gegenüber dem Kind zeigt. Das Stellium Mars-Merkur-Ceres hat eine Konj. zu Jupiter im 12. Haus, das weist auf einen guten intellektuellen Austausch hin und auch darauf, dass das Kind im Alltag der Mutter helfend zur Seite stehen wird. Auch die Stellung Mondknoten Konj. Pluto (Herrscher des 7. Hauses) weist auf eine starke Symbiose zwischen Mutter und Kind.

Die Deutung mit dem Merkurpersonar

Die Fragestellung einer Mutter war: Mein Kind hat seit Mona-ten anhaltende, immense Lernschwierigkeiten. Diese sind plötzlich aufgetreten, gleichzeitig hat es noch andere mit-menschliche Probleme in der Schule, sollten wir die Schule wechseln?

Beispiel 3: Kind mit Lernschwierigkeiten

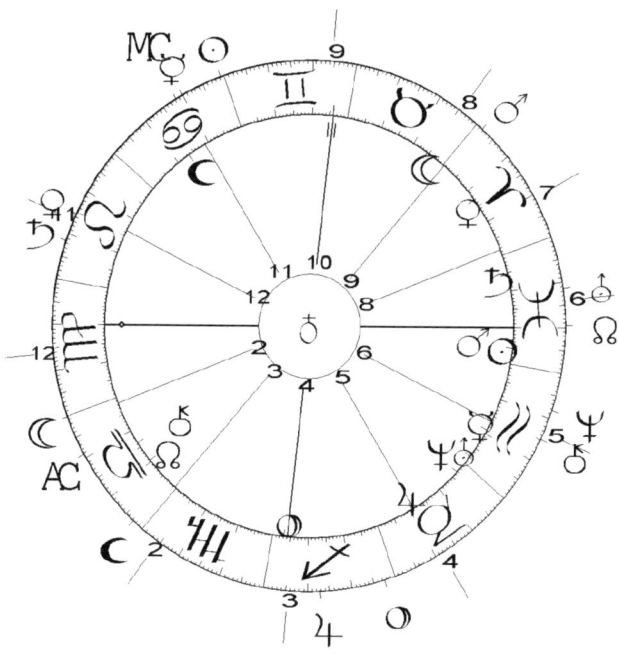

Radixhoroskop mit Transiten

In den Transiten ist auf den ersten Blick nichts erkennbar.

56

Beispiel 3: Kind mit Lernschwierigkeiten

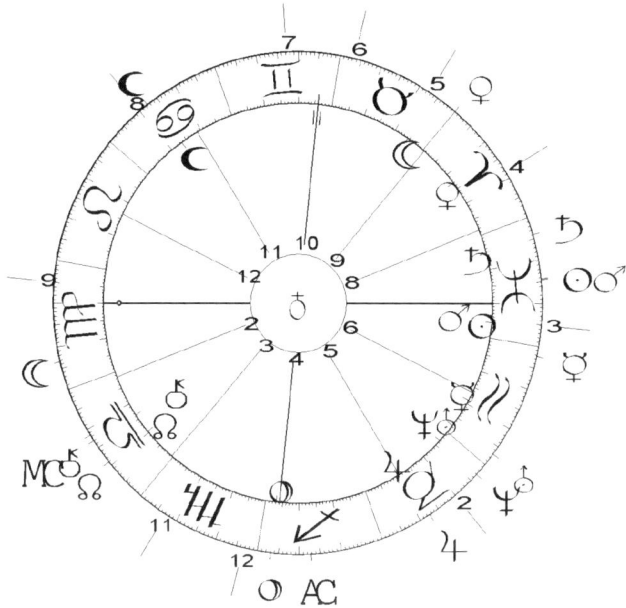

Radixhoroskop mit Sekundärdirektionen

Der progressive Mond ist über den AC in das 1. Haus im Zeichen Jungfrau gewandert, das zeigt lediglich, dass das Kind seine Persönlichkeit mit großem Fleiß unter Beweis stellt. Der progressive Mond hat eine Opp. zu Saturn, das Kind hat mit Depressionen zu tun.

Beispiel 3: Kind mit Lernschwierigkeiten

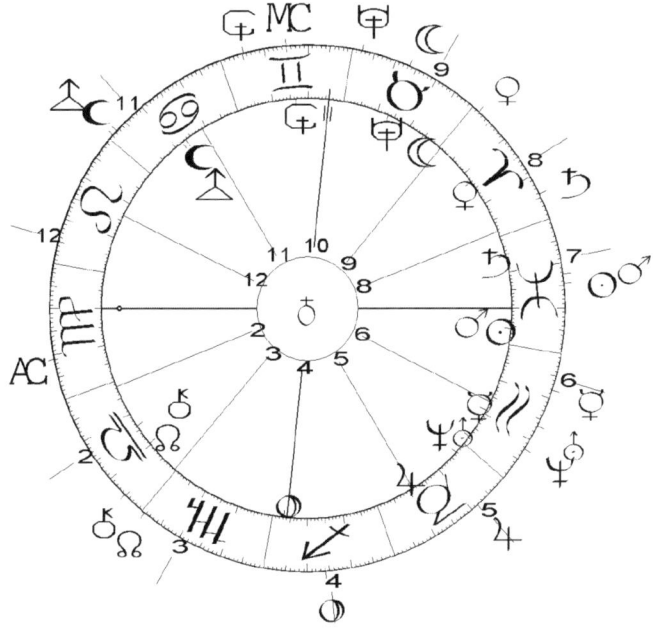

Radixhoroskop mit Sonnenbogendirektionen

Hier erkennt man Uranus Neptun in Halbsumme zu Merkur. Dies ist ein Hinweis auf Verständigungsschwierigkeiten mit der Umwelt. Zusätzlich findet man noch prägnante Konstellationen wie Mond Konj. Admetos (Depression), MC Konj. Hades (mit Falschheit, Missverständnissen oder Mobbing zu tun haben), Vulkanus Opp. Neptun (Wehrlosigkeit). Doch klare Antworten, was die Lernschwierigkeiten verursacht und ob diese von Dauer oder temporärer Natur sind, bleiben verborgen.

Beispiel 3: Kind mit Lernschwierigkeiten

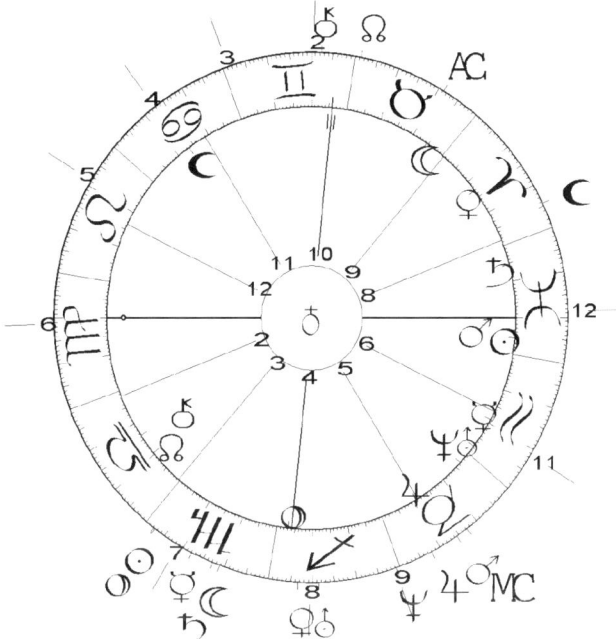

Radixhoroskop mit pränatalen Transiten

Saturn im 3. Haus weist auf Lernblockaden hin, ebenso Pluto als Herrscher von Haus 3 in Opp. zum Mond, doch wieder finden wir keine zufriedenstellende Antwort auf die Fragestellung.

Beispiel 3: Kind mit Lernschwierigkeiten

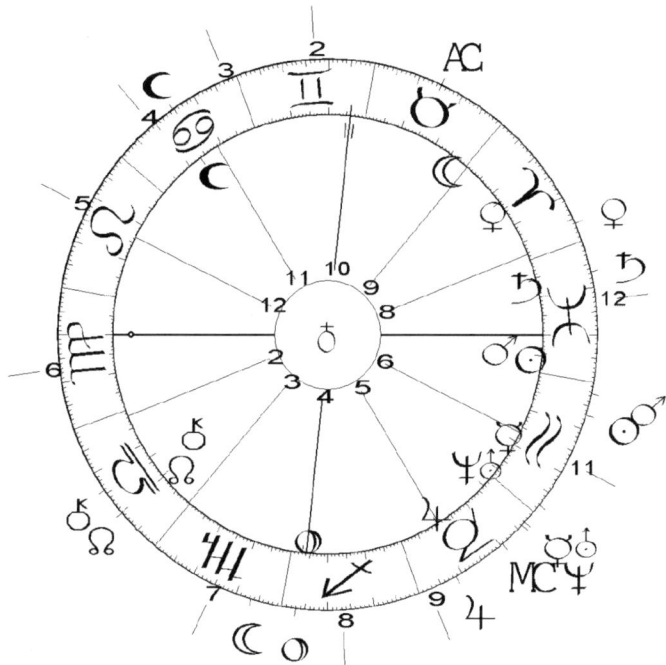

Radixhoroskop mit Regressionen

Der regressive Mond im 3. Haus im Zeichen Skorpion richtet das Augenmerk auf das Thema Lernen.
Zusätzlich weist Merkur Konj. Neptun nochmals auf Verständigungsschwierigkeiten oder Missverständnisse hin.

Beispiel 3: Kind mit Lernschwierigkeiten

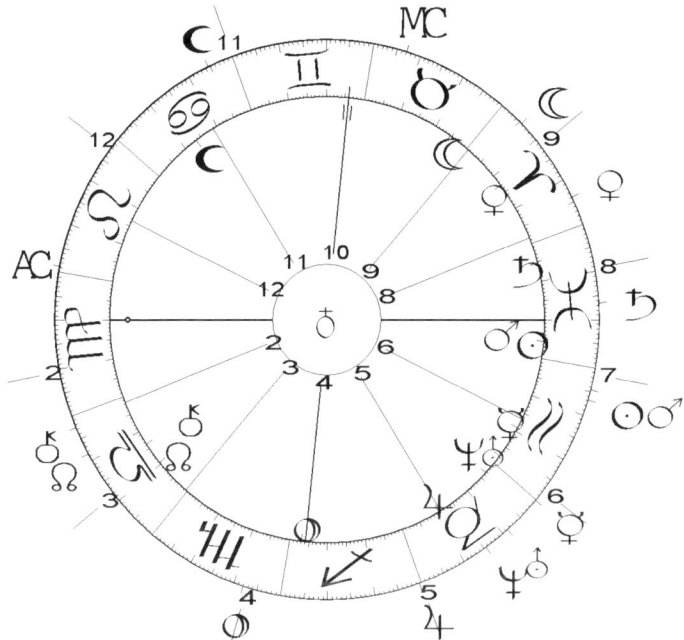

Radixhoroskop mit pränatalen Direktionen

Auch hier ist wiederum die Lernblockade Merkur in Konj. zur Halbsumme Uranus Neptun zu sehen.

Die Lernschwierigkeiten zeigten sich in sämtlichen Prognosearten, sogar in den pränatalen Methoden. Dies bedeutet, dass die Ereignisse von enormer Wichtigkeit für die Entwicklung dieses Kindes sind. Sie sind damit leider auch für das Erleben unvermeidbar.

Um die Frage der Mutter beantworten zu können, muss noch intensiver nachgesehen werden.

Hier zeigte das Merkurpersonar die richtige Antwort:

Bei der Analyse des Merkurpersonares ist zu erkennen, dass das Kind sogar durch einen außergewöhnlichen Fleiß beeindruckt (Sonne als Herrscher aus 1 im 6. Haus). Es besitzt eine schnelle Auffassungsgabe und eine gute Intuition (Uranus Jupiter Neptun ebenfalls im 6. Haus).

Beispiel 3: Kind mit Lernschwierigkeiten

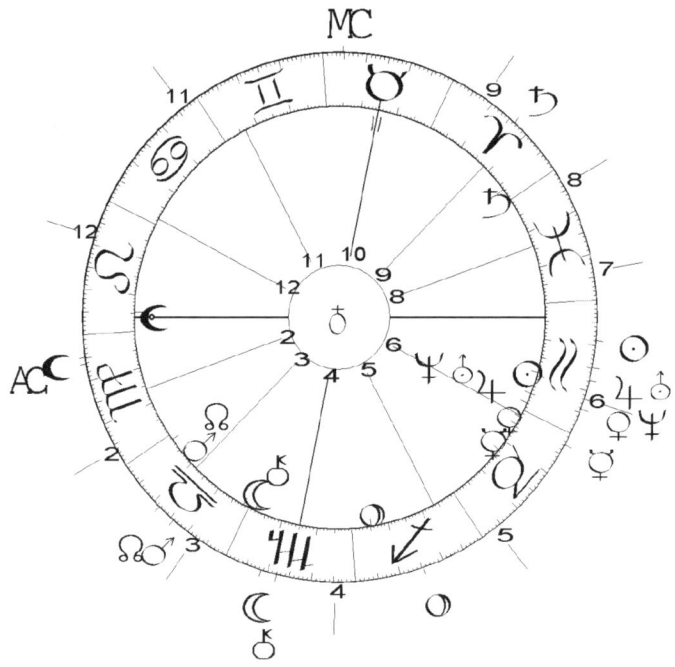

Merkurpersonar mit Personardirektion

Verständnis- und Hörschwierigkeiten zeigen sich hier bereits durch Merkur Konj. Neptun. Zusätzlich steht der Saturn an Spitze Haus 9 (Beeinträchtigung der höheren Bildung). Eine Besserung ist erst mit Eintritt des nördlichen Mondknoten in das 3. Haus, Anfangs 2008 zu erkennen; dieser gibt Hilfestellungen und die Konzentration auf Lernthemen an.
Es tauchte folgende Frage auf: Wann und warum begannen die Lernschwierigkeiten?

Beispiel 3: Kind mit Lernschwierigkeiten

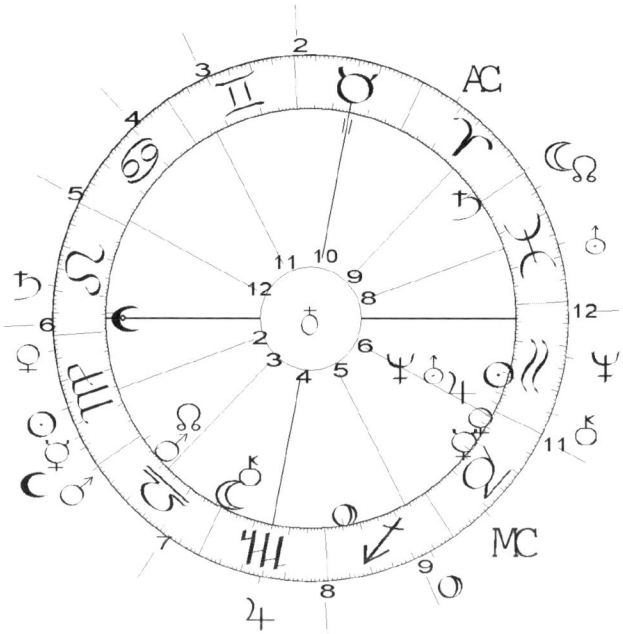

Merkurpersonar mit Personartransiten 2006

Die Auslösungen erfolgten, als Saturn das 12. Haus berührte (Spitze 12. Haus, Krebs, Herrscher ist Mond, der befindet sich im 3. Haus des Merkurpersonars). Das Kind wurde zu diesem Zeitpunkt krank und bekam eine Mittelohrentzündung, die mit dauerhaften Hörschwierigkeiten einherging. Das Kind hatte einen langwierigen Klinikaufenthalt. Die Lernschwierigkeiten wurden zu diesem Zeitpunkt noch nicht bemerkt, da Jupiter noch das 3. Haus durchschritt und die geistige Aufnahmefähigkeit des Kindes weiterhin unterstützte. Erst als Jupiter das 3. Haus verlassen hatte, konnte Saturn im 12. Haus seine volle Kraft entfalten. Die Lernschwierigkeiten wurden offensichtlich. Eine größere Erschwernis zeigte sich seit November 2006, als zusätzlich Lilith – der schwarze Mond im Merkurpersonar in das 3. Haus trat. Lilith wird ungefähr im November 2007 das 3. Haus verlassen, dann dürften sich diese Schwierigkeiten reduzieren.

Saturn verlässt ab 01.08.07 das 12. Haus. Mit Saturn im 1. Haus wird bei diesem Kind eine größere Disziplin und Konzentration vorherrschen. Dies gibt ihm auch eine bessere psychische Stabilität.

Beispiel 3: Kind mit Lernschwierigkeiten

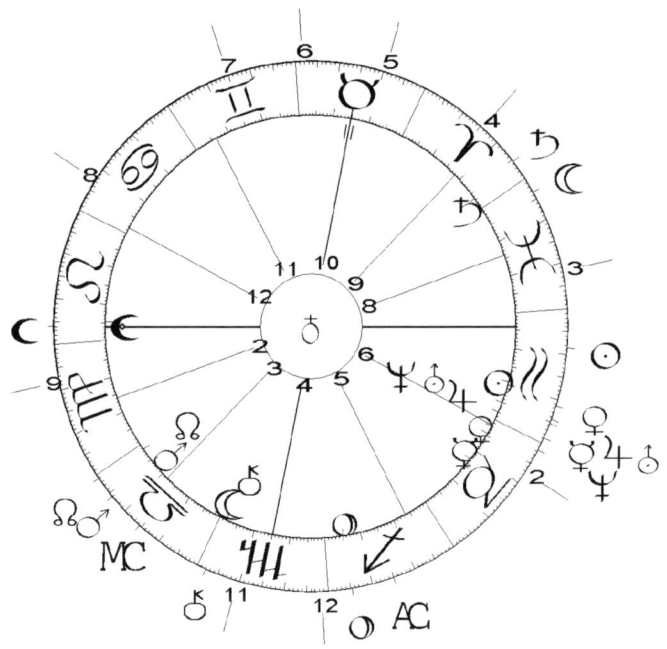

Merkurpersonar mit Personarprogressionen

Der personarprogressive Mond durchschreitet seit September 2006 das 8. Haus Fische und zeigt dem „Stirb-und-Werde-Prinzip" entsprechend eine große Leidenszeit. Durch das Zeichen Fische bedingt, birgt diese Phase zudem noch eine Dünnhäutigkeit in sich. Tränen und Verzweiflung deuten sich an. Diese Zeitphase brachte keine Reaktionen oder Hilfestellungen von außen (Das Kind wurde trotz Meldung der Hörprobleme seitens der Lehrer nicht in den vorderen Klassenbereich gesetzt).
Die schwierige Phase findet nur etappenweise ein Ende.

Beispiel 3: Kind mit Lernschwierigkeiten

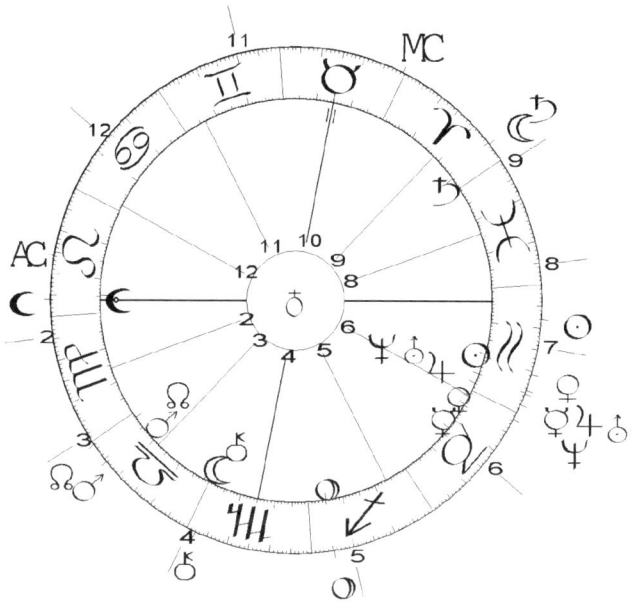

Merkurpersonar mit Personarprogressionen

Ab 14.09.2007 befindet sich der personarprogressive Mond zwar noch im 8. Haus, aber er wechselt vom Zeichen Fische in das Zeichen Widder. Dieser Zeichenwechsel gibt dem Kind mehr Kraft, Motivation und Selbstvertrauen.
Eine minutengenaue Mond Konj. Saturn findet am 05.01.2008 statt. Durch Saturn (Herrscher aus 6. Haus) und Mond (Standort im 3. Haus) wird gezeigt, dass das Kind diszipliniert und konsequent zu arbeiten hat. Die Lernschwierigkeiten werden dann ab Juli 2008, wenn der personarprogressive Mond in das 9. Haus eintritt, verschwunden sein.

Auch Merkur macht in der Personarprogression eine Konj. zu Jupiter am 22.01.08 im 6. Haus. Mit Hilfe von diszipliniertem (Merkur steht im Steinbock) Arbeiten wird höheres Wissen (Jupiter) geschaffen. Zusätzlich geht Mars, als Mitherrscher des 8. Hauses in Opp. zu dem in seinem Zeichen stehenden Saturn.

Zusammenfassend kann der Mutter gesagt werden:

Es liegen im gleichen Zeitrahmen im innerlichen sowie auch durch das Umfeld herangetragene Entwicklungsphasen vor. Diese belasten das Kind derzeitig doppelt. Diese Phasen sind für das Persönlichkeitswachstum des Kindes von enormer Bedeutung.
Die innere belastende Entwicklungsphase wird im Frühjahr 2008 abgeschlossen sein. Die vom Umfeld ausgehenden stark belastenden Problematiken werden leider noch bis Sommer 2008 das Kind beeinträchtigen.
Es wäre vollkommen falsch seitens der Eltern, noch mehr zu verlangen, außer Konsequenz, Kontinuität und Disziplin.
Ein Schulwechsel ist nicht erforderlich und würde den Anlagen des Kindes sogar widersprechen.
Ein Zeitrahmen von einem Jahr sollte dem Kind zugestanden werden, damit es einwandfrei seine wichtigen Entwicklungsphasen durchleben kann.

Diese Analyse ist ein Zeichen dafür, dass man eine eindeutige Aussage mit den bisherigen Prognoseinstrumenten (Radixanalyse, Transite, Direktionen und Progressionen) lediglich unzureichend durchführen kann.
.
Erst durch die Zuhilfenahme des Merkurpersonares, der Personardirektionen, Personarprogressionen und Personartransite war die Gesamtproblematik, die innere und die äußere Entwicklung des Kindes ersichtlich.
Auf die Hinzunahme von Asteroiden, Fixsternen, Transneptunern und sensitiven Punkten, die für die Feinanalysen sehr aussagefähig sind, wurde hier verzichtet, um aufzuzeigen, dass die Verwendung des Merkurpersonares mit den dazugehörigen Prognoseinstrumenten die Problematik und Entwicklung bereits klar und deutlich beschreibt.

Das Venuspersonar

Das Venuspersonar beschreibt den Umgang mit Liebesthemen, egal ob es sich um Liebschaften, Affairen, Partnerschaften, Ehepartner, das Kennenlernen eines neuen Partners, Beziehungen, auch Trennungen etc. handelt. Selbst die kürzeste Kontaktaufnahme des Beziehungspartners und die Art des Kontaktes lassen sich hier erkennen.
Im Gegensatz zur herkömmlichen Partnerschaftsanalyse erkennt man in der Synastrie eines Venuspersonars mit dem Radixhoroskop des Partners, ob eine Verbindung dauerhafter oder temporärer Natur ist.

In der Synastrie zweier Radixhoroskope lässt sich die gegenseitige positive wie negative Beeinflussung der Partner ablesen.
Combin und Komposithoroskope beobachte ich gemeinsam im Vergleich. Im Combin erkennt man die Intention einer Partnerschaft, aus welchen Beweggründen das Paar zusammenkommt. Im Komposit erkennt man den Umgang im Alltag. Je geringer Combin- und Komposithoroskope voneinander abweichen, desto beständiger erweist sich die Partnerschaft. Die Unterschiede zwischen Combin- und Komposithoroskop erklären die Aufgabenstellungen oder auch Konflikte in der Partnerschaft.

Hingegen erkennt man in der Synastrie-, Combin- und Kompositanalyse nicht, ob eine Partnerschaft Bestand hat.

Beispiel 4: Eine Frau ist bereits langjährig unglücklich verheiratet, schafft es jedoch nicht, sich zu trennen.

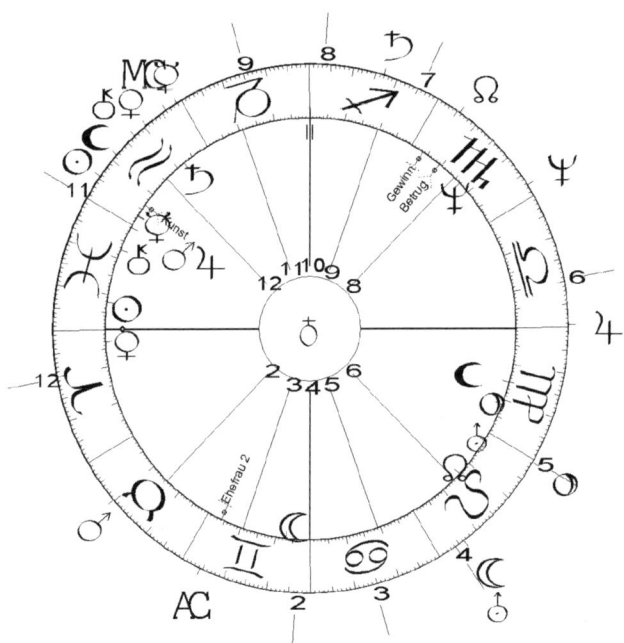

Synastrie mit beiden Radixhoroskopen

Innen ist das Horoskop der Frau und außen das des Mannes.

Es ist sofort erkennbar, dass die innerlichen Beweggründe des Mannes auf das Schaffen von finanziellen Werten ausgerichtet sind. Der AC des Mannes steht auf dem sensitiven Punkt Ehefrau 2. (Zur Erinnerung: Der Punkt Ehefrau 2 zeigt die finanzielle Verknüpfung an, der sensitive Punkt Ehefrau 1 die Liebe).

Gleichzeitig steht Jupiter am DC der Frau, was ebenfalls auf die Schaffung von Werten durch den Partner hinweist.

Der Mondknoten des Mannes steht in Halbsumme der sensitiven Punkte Gewinn + Betrug im 8. Haus (gemeinsame Finanzen). Bereits hier ist zu sehen, dass der Mann eigennützig handelt.

Die Sonne des Mannes steht über dem sensitiven Punkt Kunst im 12. Haus, was die Liebe und Hilfsbereitschaft der Frau auf ihn anspricht. Andererseits belegt die Sonne in 12 eine Unausgewogenheit im Partnerschaftsverhalten.
Die Sonne im 12. Haus des Partners verhält sich wie eine tickende Zeitbombe.

Das wahre partnerschaftliche Verhältnis wird im Venuspersonar noch viel deutlicher.

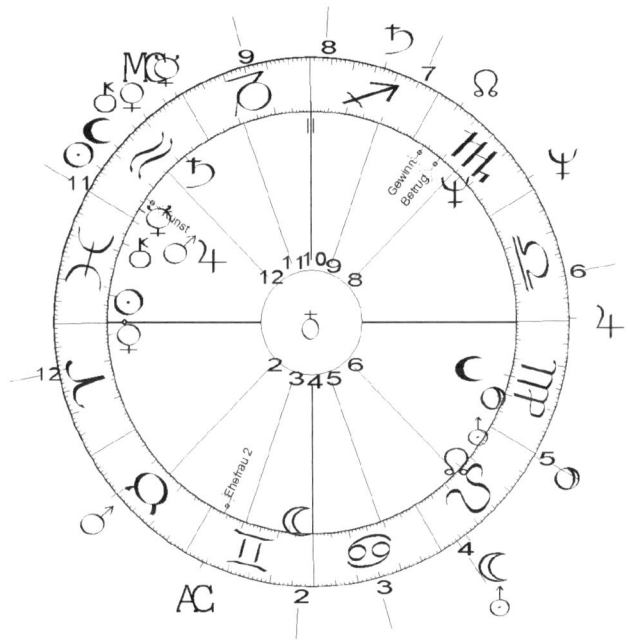

Synastrie Radix mit Venuspersonar

Innen ist das Venuspersonar der Frau, außen das Radixhoroskop des Mannes.

Auch hier erkennt man, dass seitens des Mannes die Partnerschaft auf wirtschaftliche Verknüpfungen angelegt ist. Auch hier fällt der AC des Mannes in das 2. Haus des Venuspersonares und auf den sensitiven Punkt Ehefrau 2, Jupiter in

7 am DC deutet im Venuspersonar auf die kirchliche Trauung hin. Die Konjunktion Venus Saturn im 11. Haus weist auf eher freundschaftliche Gefühle hin.
Mond Uranus des Mannes steht auf dem Wissenspunkt im 5. Haus, somit profitiert er von ihrem kreativen Wissen und ihrer persönlichen Unterstützung. Seine Sonne steht in Opp. zu ihrem Uranus im 6. Haus, er gibt ihr immer neue Arbeitsideen, zeigt sich aber innerhalb der Beziehung nicht verbindlich.

Hier bestätigt die Synastrie mit dem Venuspersonar vollkommen die Synastrie der Radixhoroskope, jedoch beleuchtet die Synastrie mit dem Venuspersonar die Hintergründe der Partnerschaft und zeigt weitere Erläuterungen.

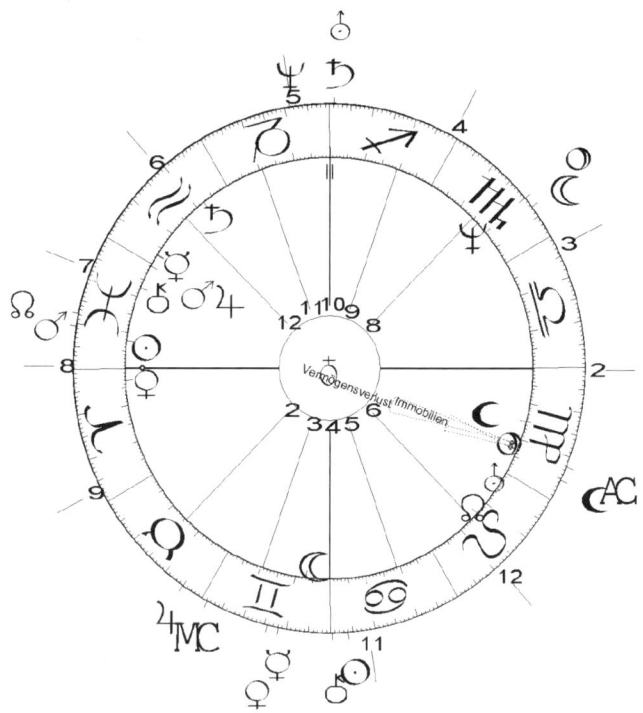

Synastrie des Venuspersonars der Frau mit dem Hochzeitsdatum

70

Innen ist das Venuspersonar der Frau, außen ist das Horoskop der Hochzeit.

Der laufende AC des Hochzeitsdatums steht auf den sensitiven Punkten Immobilien + Vermögensverlust im Venuspersonar der Frau im 6. Haus in Opp. zu Chiron.

Im Laufe der Ehe hat die Frau in das Elternhaus des Mannes mitinvestiert und ihre volle Arbeitskraft (6. Haus) mit in den Aufbau der Selbstständigkeit ihres Mannes gegeben. Der Chiron in Haus 12 weist auf eine soziale, selbstlose Tat. Die Opferbereitschaft (12. Haus) und ihre Liebe (das Venuspersonar) wurden mit Eheschließung rigoros ausgenutzt. Gleichzeitig steht der AC der Eheschließung noch auf Pluto des Venuspersonars. Sie hat sich dazu auch verpflichtet gefühlt. Der anstehende Vermögensverlust durch die Immobilie oder auch der Immobilie ist hier schon angezeigt.

Chiron am IC des Venuspersonars zeigt die Herausforderung durch die familiäre Vernetzung.

Jupiter/MC fällt in das 2. Haus des Venuspersonars der Frau. Dies zeigt klar an, dass diese Ehe sich auf finanzielle Werteschaffung gründet.

Auffällig ist auch die genaue Saturn Uranus Konjunktion am MC des Venuspersonares, die der Frage „warum bringe ich es nicht fertig, mich scheiden zu lassen?" die Antwort gibt.

Wenn man unter einer Saturn Uranus Konjunktion, die am MC steht, heiratet, wird man sich auch nur zu Saturn–Uranus Zyklen wieder trennen.

Zur Erläuterung: Saturn hat eine Umlaufzeit von 28 Jahren, die Quadratur des Saturns ergibt sich nach 7 Jahren, Uranus, mit einer Umlaufzeit von 84 Jahren hat seine Quadratur nach ungefähr 21 Jahren. Das kleinste gemeinsame Vielfache (kgV) beider Planeten ist 21, die Ehe kann also erst 21 Jahre nach der Hochzeit getrennt werden.

Beim Vergleich des Hochzeitsdatums mit dem Venuspersonar sind der wahre Hintergrund der Ehe und auch der Ausgang ersichtlich. Von wahrer Liebe hat man hier nichts gesehen.

Das Venuspersonar – Beispiel 5: Die Frage einer Klientin: Für wen wird sich mein Freund entscheiden, für mich oder für seine Ehefrau.

Zunächst mache ich die Synastrie der Radixhoroskope des Mannes mit seiner Gattin: Innen ist das Radixhoroskop der Gattin, außen das des Mannes.

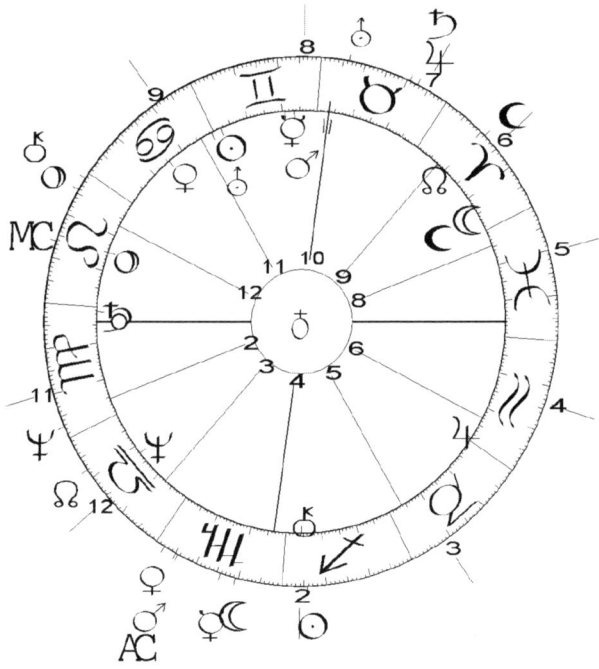

Synastrie der Radixhoroskope des Mannes mit seiner Gattin

Das MC des Mannes trifft den Pluto der Ehefrau in ihrem 12. Haus, dies weist auf große Aufgaben und starke soziale Verpflichtungen hin. Die Venus der Frau (in ihrem 11. Haus) bildet ein Trigon zu Merkur des Mannes in seinem 1. Haus, ein offener, gelöster Umgang in der Beziehung ist dargestellt. Die Venus des Mannes, auf ihr 3. Haus einwirkend, bildet ein Trigon zu ihrem DC und zu ihrem Uranus, er wirkt förderlich auf seine Ehefrau ein, Uranus deutet jedoch nicht auf die Haltbarkeit der Verbindung hin.

Der Chiron des Mannes steht in Opposition zum Jupiter der Ehefrau (es bestehen finanzielle Verpflichtungen), anderseits stellt der Mann seine Sonne auf den Chiron der Ehefrau in ihrem 4. Haus (ihr sind die Familienbande wichtig).
In der Synastrie des Ehepaares ist zwar die Verbindung ersichtlich, aber was ist mit der Liebe?

Wie steht sie zu Ihrem Ehemann?

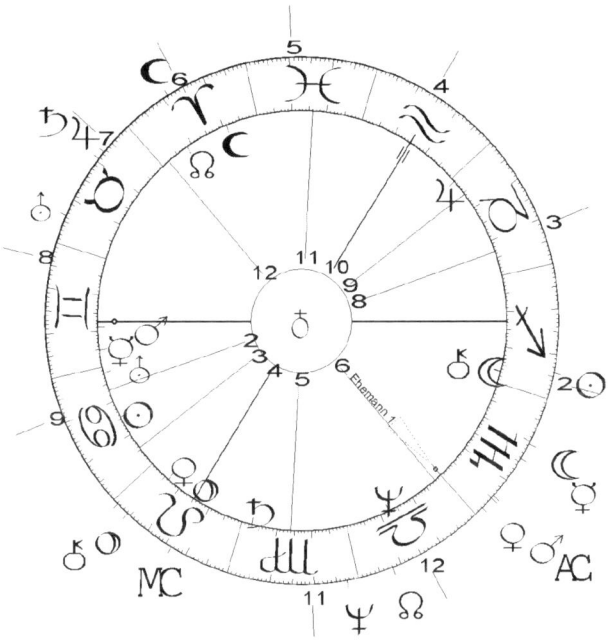

Synastrie des Venuspersonars der Ehefrau mit dem Radixhoroskop des Mannes

Hier steht die Sonne des Mannes auf dem Mond und Chiron der Frau (man erkennt eindeutig den emotionalen Zusammenhalt). Die Venus des Mannes steht auf dem sensitiven Punkt Ehemann 1 der Frau (dies ist der Hinweis auf die Liebe). Gleichzeitig liegt ein Achsentausch des Mannes (MC/IC) mit MC/IC der Frau in ihrem Venuspersonar vor.
Man erkennt also eindeutig eine starke Anhänglichkeit und Liebe.

Wie steht er zu seiner Frau?

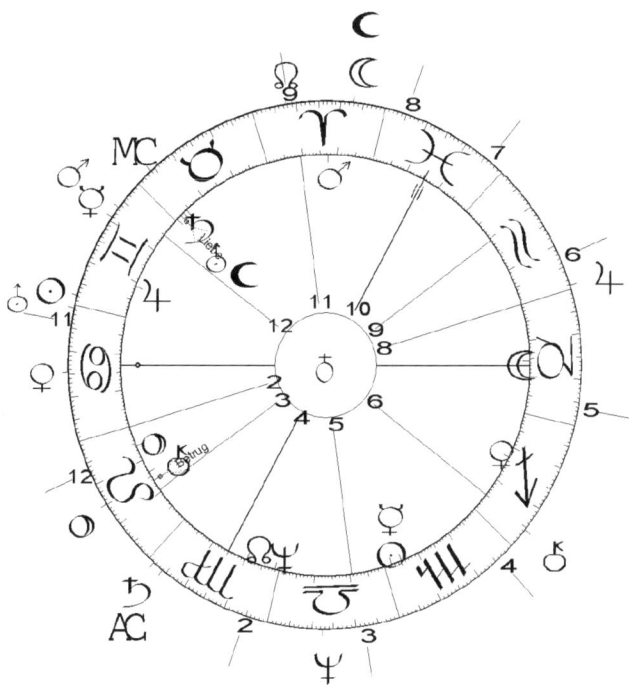

Synastrie des Venuspersonars des Ehemannes mit dem Radixhoroskop der Ehefrau

Hier wird das Thema Liebe noch viel deutlicher angezeigt.
Die Venus der Ehefrau steht direkt an seinem Venuspersonar AC, ihr MC steht auf seinem sensitiven Punkt Liebe.
Eine ganz andere Problematik ist hier noch ersichtlich, ihr Pluto steht in seinem 2. Haus auf Chiron und dem sensitiven Punkt Betrug, das Ehepaar hat einen finanziellen Betrug erlebt. Das Ehepaar wurde wirklich bei Investitionen in Immobilien betrogen, doch der Zusammenhalt des Paares wurde dadurch noch herausgefordert und hat die Verbindung zusammengeschweißt. Es sind zwar noch sehr viele andere Konstellationen erkennbar, doch ging es hier lediglich um die Fragestellung, für wen der Mann sich schlussendlich entscheidet.

Die Quintessenz beider Venuspersonare erläutert, dass bei beiden Ehepartnern eine starke Liebe zueinander besteht. Dies war in der Synastrie der Radixhoroskope nicht ersichtlich.

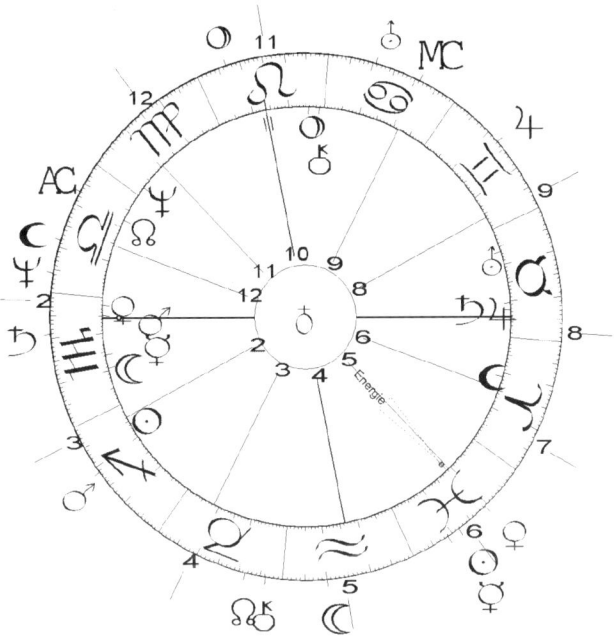

Synastrie der jeweiligen Radixhoroskope des Mannes und seiner Geliebten

Innen ist das Horoskop des Mannes, außen das der Geliebten. Der Mond im Horoskop des Mannes hat ein Trigon zur Venus der Frau, die emotionale Innigkeit ist auch hier vorhanden. Die Saturn Opp. Saturn weist einerseits auf einen saturn- ischen (7, 14, ... Jahre) Altersunterschied hin, aber auch auf beiderseitige Beständigkeit. Der Mond der Geliebten bildet ein Trigon zum Mondknoten des Mannes in seinem 11. Haus. Dies zeigt, dass es sich um eine karmische, freundschaftliche Verbindung handelt. Die Venus im Horoskop der Geliebten steht auf dem sensitiven Punkt Energie des Mannes, er kann sich bei ihr Kraft holen.

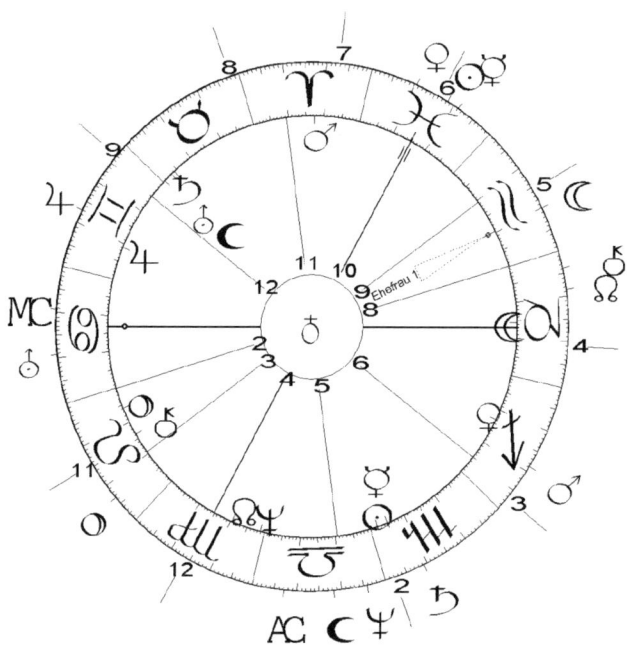

Synastrie Venuspersonar des Mannes zum Radix der Geliebten

In seinem Venuspersonar stehen Sonne und Venus der Geliebten in der Halbsumme direkt auf dem MC, sodass sie seinen Wunschvorstellungen komplett entspricht und sie zusätzlich (Fisch) seinen romantischen Vorstellungen von Liebe nahe kommt.
Die Geliebte stellt dem Mann ihren Uranus in sein 1. Haus, betont ihm gegenüber damit ihren Unabhängigkeitsanspruch. Obwohl der Mond der Geliebten auf seinem sensitiven Punkt Ehefrau 1 (die Liebe der Frau) steht, reflektiert dieser durch die 8. Haus Stellung mehr das Gefühl der Liebe. Mond und Uranus stehen in Rezeption zueinander. Dies verstärkt nochmals – trotz Liebesverbindung – den Freiheitsdrang.

Fazit:

Im Vergleich der Synastrie der Venuspersonare des Mannes mit den beiden Frauen, kann man klar erkennen, dass der Mann beide Frauen liebt, durch seinen Anspruch in der Liebe (AC im Zeichen Krebs – Herrscher am DC) hat er ein starkes Austauschbedürfnis. Seine Geliebte vermittelt ihm jedoch ihr Freiheitsbedürfnis. Somit wird er bei seiner Ehefrau bleiben.

Grundsätzlich kann man im Venuspersonar in Verbindung mit den Transiten auch alle persönlichen Kontakte, die mit Liebe oder Beziehung zu tun haben, sehen und welche Themen in der Verbindung aktuell angesprochen sind.
Die Personardirektionen und Personarprogressionen im Venuspersonar werden bei grundsätzlichen Fragen, die Beziehungsthemen betreffen, benutzt. Die Berührungspunkte und Aspekte zu anderen Planeten werden betrachtet, um die innere Bereitschaft zu einer Partnerschaft zu erkennen.
Auch werden hier die von außen kommenden Ereignisse gesehen.

Die Personarprogression im Venuspersonar zeigt mit der Stellung des progressiven Mondes in den Häusern und Zeichen die Themen an, die zu erleben sind (siehe Tabelle im Anhang).
Um Kontakte oder Begegnungen zu finden, nutze ich die Personartransite im Venuspersonar. Bei direkten Planetenübergängen über die Achsen oder die Planeten findet bei der direkten Konjunktion ein Kontakt statt, den man anhand der Bedeutung des Planeten auch konkret beschreiben kann. Durch die Hinzuziehung der sensitiven Punkte sind sogar die kleinsten Kontakte in ihrer Feinheit zu erkennen.

Das Marspersonar

Das Marspersonar gibt uns Auskunft über die persönliche Leistungsbereitschaft. Ich setze es ein bei beruflichen Fragestellungen, bei Fragen nach sportlichen Aktivitäten, aber auch bei der Analyse von Gesundheitsfragen.

Dadurch, dass Mars sich in seiner Umlaufbahn relativ langsam bewegt, und bei der Arbeit mit den Personaren der erste Berührungskontakt mit der Sonne entscheidend ist, wird die Angabe der genauen Geburtszeit nicht mehr eklatant wichtig.

Mit Hilfe des Marspersonars und den zugehörigen Prognosewerkzeugen wird es nun recht einfach, Sportwetten wie Fußballtoto oder auch Pferderennen oder dergleichen zu prognostizieren. Dadurch, dass der Gründungszeitpunkt eines Vereines, oder der Geburtszeitpunkt eines Pferdes nicht mehr so wichtig ist, kann man gerade in diesen Bereichen ziemlich genaue Prognosen machen.

Für Berufsfragen oder Fragen der Arbeitsfindung ist das Marspersonar hilfreich. Es zeigt auch die Gründe für eventuell vorhandene Probleme (zum Beispiel Arbeitsplatzverlust). Mit Hilfe der prognostischen Bearbeitung des Marspersonars sind taggenaue Angaben zu beruflichen Fragen möglich.

In folgendem Beispiel erkennt man deutlich die Unterschiede zwischen den herkömmlichen Prognosemethoden im Vergleich zur Anwendung der Prognoseinstrumente in Verbindung mit den Marspersonaren.

Beispiel 6: Eine junge Frau erhielt jahrelang, trotz eines sehr guten, abgeschlossenen Studiums, nur kleinere, kurzfristige Anstellungen.

Hinterfragung im Juni 2003.

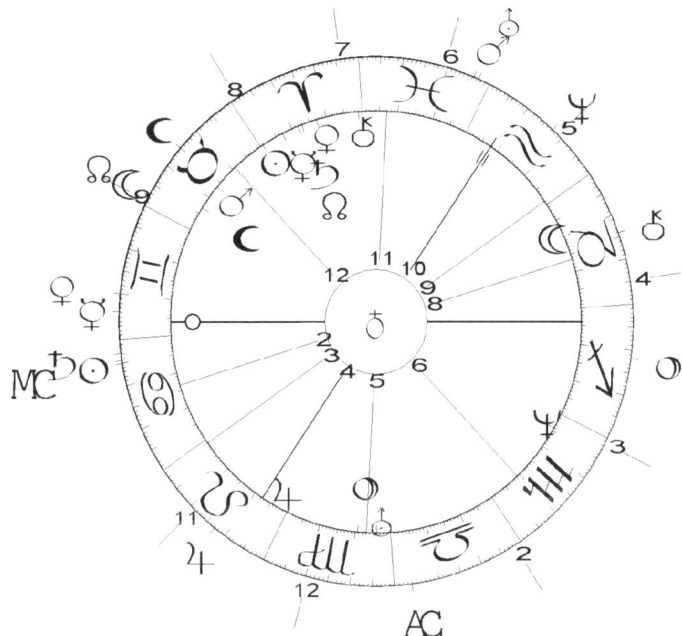

Radixhoroskop mit Transiten Juni 2003

Im Radixhoroskop ist schon zu erkennen, dass diese Person bereit ist, öffentliche Verantwortung zu übernehmen (eine klare 11. Haus-Betonung in Verbindung mit Saturn und Mondknoten). Sie hatte Jura studiert. Uranus als Transitplanet im 10. Haus verlangt nach Individualität und Erneuerung. Uranus steht aber bereits 3 Jahre in Haus 10. Dies kann nicht die Ursache sein. Saturn im 1. Haus gibt persönliche Einschränkungen, aber auch Verantwortung. Der Langsamläufer Pluto im 6. Haus weist auf Veränderungsprozesse hin. Lediglich Lilith, der schwarze Mond in Haus 12 zeigt eine turbulente Zeit im Berufsleben (Opp. zu Haus 6).

Ohne die Anwendung des Marspersonares kann hier keine hilfreiche Antwort gegeben werden.

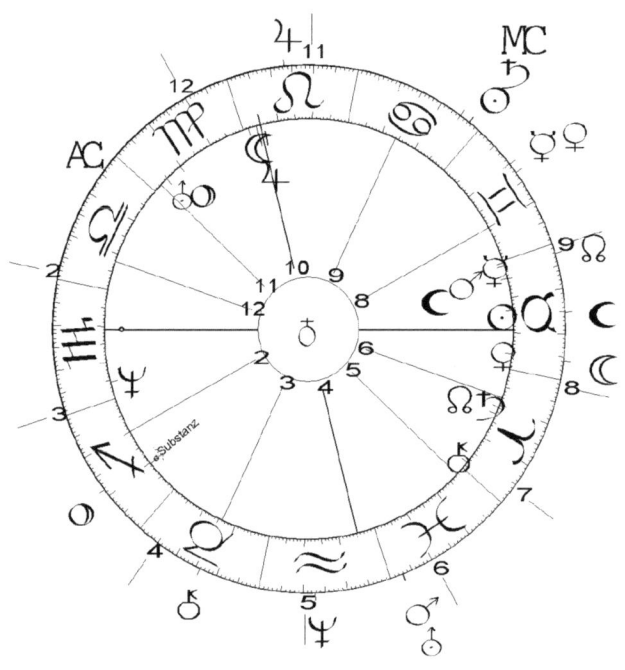

Marspersonar mit Personartransiten im Juni 2003

Hier ist die gesamte Situation deutlicher zu erkennen:
Der Herrscher des Personaraszendenten im Marspersonar ist
Pluto. Er steht direkt auf dem Substanzpunkt im 2. Haus und
hat damit auch die massiven Existenzängste der jungen Frau
ausgelöst. Meine Erfahrung hat gezeigt, dass man mit mate-
riellen Kämpfen zu tun hat, solange Pluto durch das 2. Haus
wandert! Der Mondknoten auf dem Stellium Merkur – Mars –
Lilith (der schwarze Mond) bringt zumindest kleine Aufgaben,
die durch bestehende Kontakte hervorgerufen werden. Der
demnächst durch das 10. Haus wandernde Jupiter kann zwar
interessante, wichtige Aufgaben bringen, aber ein Jupiter-
transit ist noch lange kein Garant für Beständigkeit. Er bringt
lediglich vorübergehende lukrative Aufgaben.

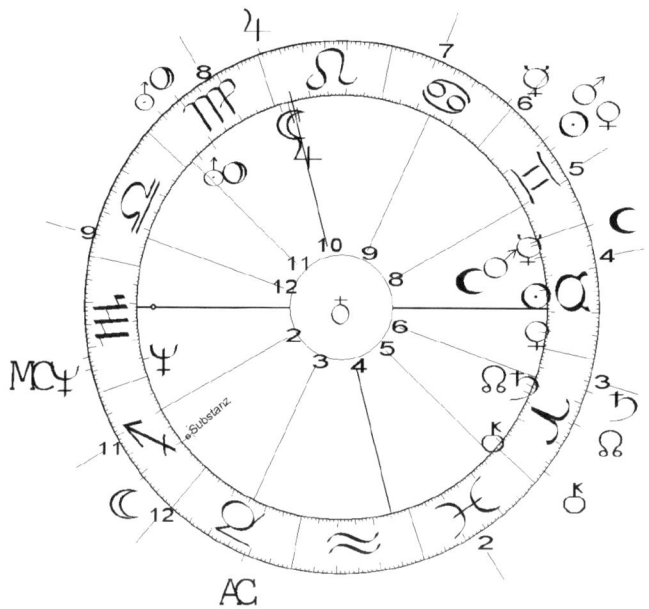

Marspersonar mit Personarprogression im Juni 2003

Der progressive Mond steht im 2. Haus, somit sind alle Energien und Arbeitskräfte auf den Gelderwerb ausgerichtet. Erst, wenn der progressive Mond das 2. Haus verlässt, wird der Geldfluss vorhanden sein. Dann ist das Augenmerk, was das Thema Arbeit anbetrifft, auf Ausbildung oder Fortbildung gerichtet.

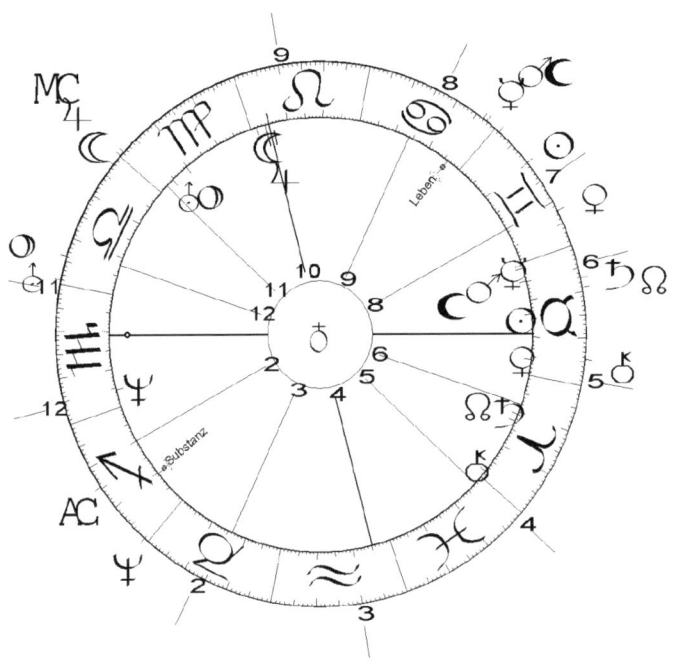

Marspersonar mit Personardirektion im Juni 2003

Zum Zeitpunkt der Fragestellung steht das Merkur – Mars – Lilith – Stellium fast genau auf dem Lebenspunkt. Somit sind nur durch Merkur (duale), Mars (Tätigkeiten) zu sehen. Die Halbsumme Aszendent – Sonne trifft genau den Substanzpunkt. Da die Direktion einen Wirkungsbereich von 2 Jahren hat, ist von vorne herein mit einer Schwierigkeit in diesem Zeitrahmen zu rechnen.

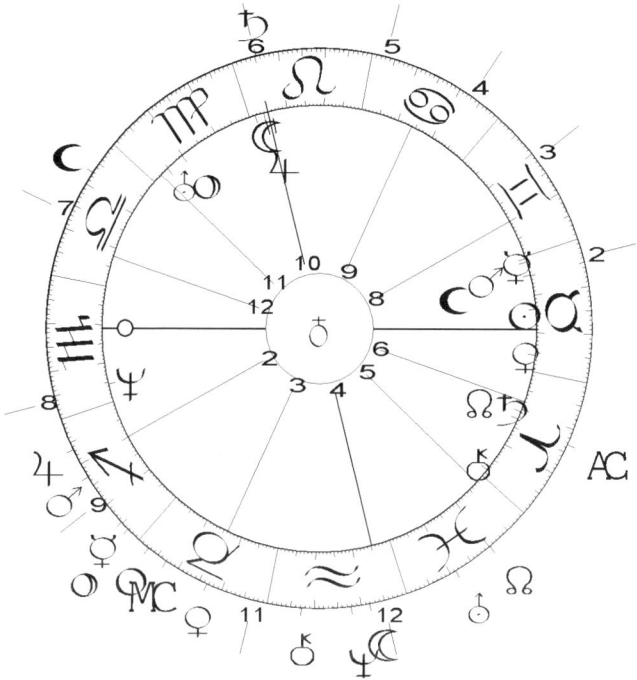

Marspersonar mit Personartransiten Ende 2006

Die Personartransite zeigen, dass erst Ende November 2006/ Anfang 2007 (3,5 Jahre nach der Fragestellung) mit der Konj. Saturn am MC mit einer verantwortungsbewussten Festanstellung zu rechnen ist, die ihr auch die finanziellen Ressourcen (Jupiter im 2. Haus) zur Verfügung stellt.

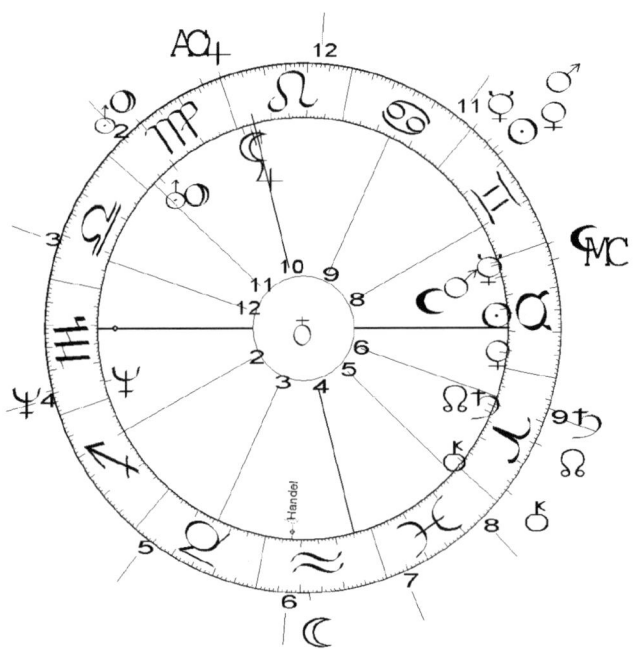

Marspersonar mit Personarprogression Ende 2006

Hier sieht man Ende 2006 das Arbeitsangebot, der personar-progressive Mond, der vorher über den sensitiven Punkt Handel und Geschäfte lief, als Herausforderung für die Klientin.

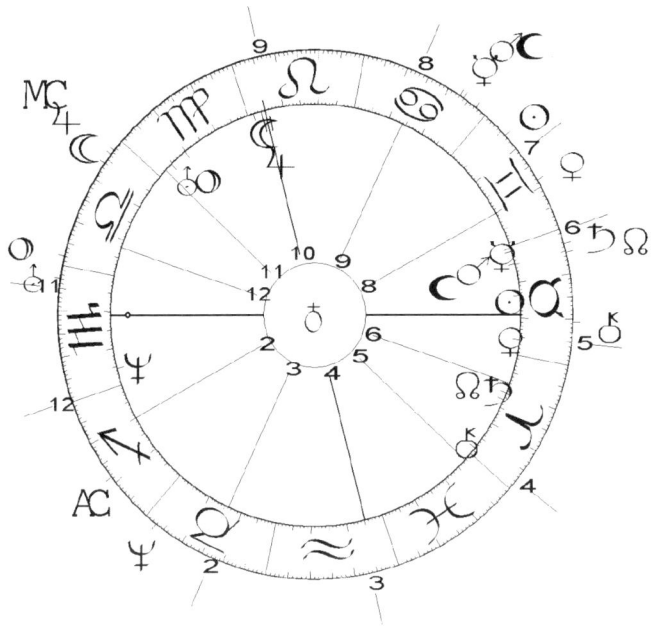

Marspersonar mit Personardirektion Ende 2006

Man sieht, dass Ende 2006 der MC genau in Opposition zu Chiron steht, somit hat sie auch eine Tätigkeit gefunden, die ihrer Kreativität entspricht (Chiron steht im Marspersonar im 5. Haus) und die eine große Herausforderung für sie darstellt.

Im Vergleich zu den Marspersonaren zeigen sich die regulär angewendeten Prognosearten Ende 2006 mit folgenden Konstellationen:

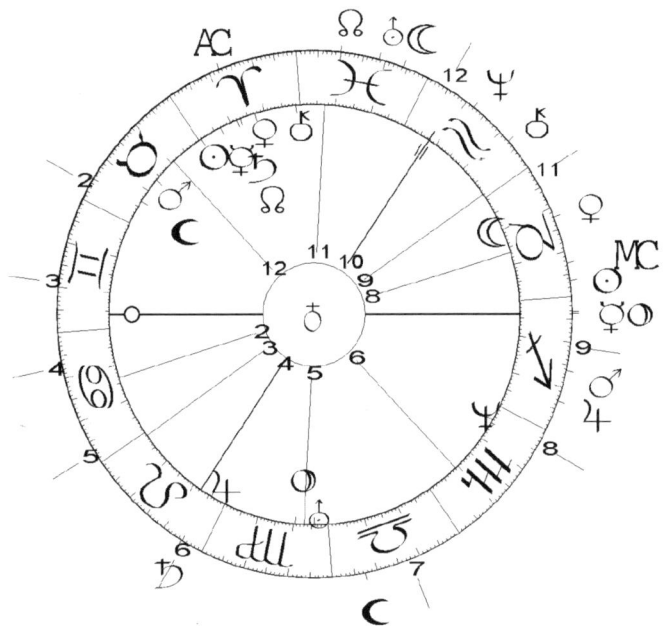

Radixhoroskop mit Transiten Ende 2006

Man sieht, dass Pluto Ende 2006 ihr 6. Haus verlässt, aber Saturn steht am IC, in Opposition zum MC. Dies würde man nicht gleichsetzen mit dem Beginn einer neuen dauerhaften Tätigkeit. Jupiter bewegt sich fast ein Jahr schon im 6. Haus des Radixhoroskopes. Die Tätigkeit müsste demnach früher begonnen haben!

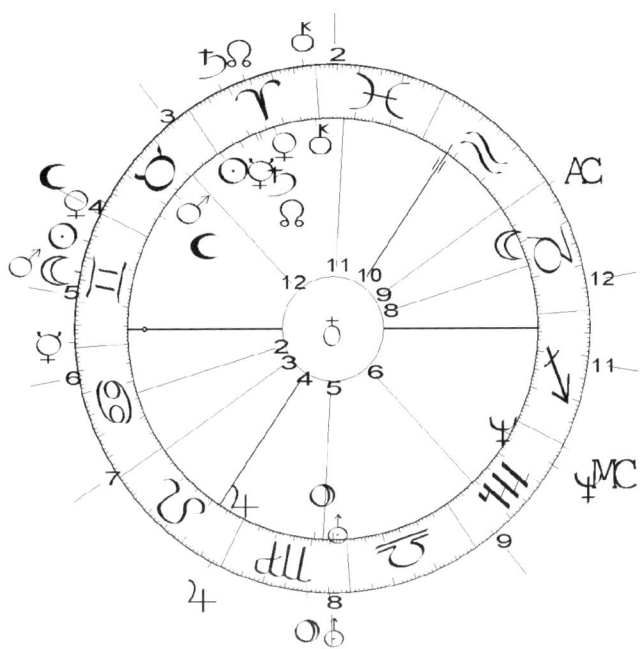

Radixhoroskop mit Sekundärdirektion Ende 2006

Mit dem progressiven Mond im 12. Haus der Klientin würde man sicherlich nicht von einer neuen, dauerhaften Tätigkeit sprechen, da im 12. Haus eigentlich das Thema des Rückzuges angesprochen wird.

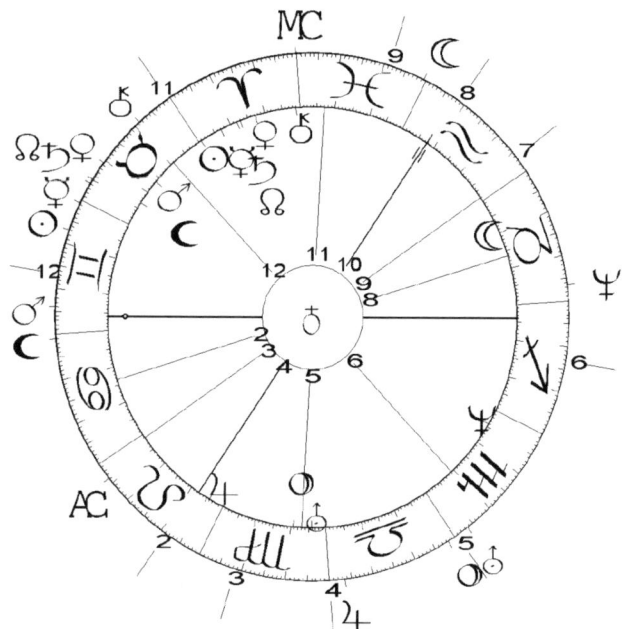

Radixhoroskop mit Sonnenbogendirektion Ende 2006

Hier sieht man bei Einstellungsdatum Ende 2006 zwar Veränderungen. Man würde jedoch, da Mars noch 2 Grad 6 Min
in Differenz zum AC steht, lediglich sagen können, dass mit
einer Festanstellung erst in gut 2 Jahren gerechnet werden
kann. Nur MC auf Chiron deutet auf einen beruflichen
„Heilungsprozess" hin.

Das Jupiterpersonar

Das Jupiterpersonar stellt unter anderem auch den Umgang mit großen Geldern dar.

Im folgenden Beispiel geht es um eine Geschäftsfrau, die 1989 ein Grundstück kaufte. Auf dieses Grundstück wurde ein Veranstaltungsbüro errichtet.
Im Jahr 1991 wurde ein Konkursantrag gestellt. Hier geht es um die Betrachtung des Konkurses.

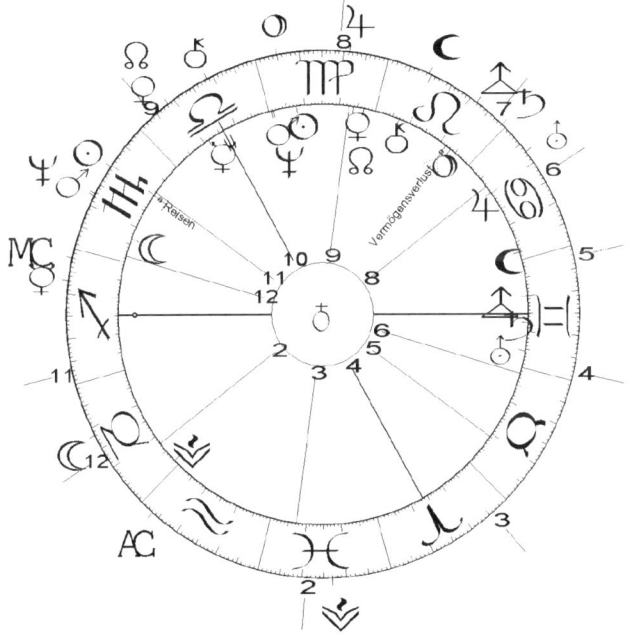

Radixhoroskop mit Sonnenbogendirektion

In den Sonnenbogendirektionen erkennt man, dass es sich um einen Veranstalter handelt. Die Sonne steht auf dem sensitiven Punkt Reisen. Bei einem Konkurs schaut man nach dem Herrscher von Haus 2. Dies ist Saturn. Saturn steht auch in Opp. zu Vesta. Man erkennt bereits hier, dass es sich um Einschränkungen im Arbeitsbereich handelt.

Vulkanus steht in Konj. mit dem sensitiven Punkt Vermögensverlust. In den Sonnenbogendirektionen ist also bereits
dieses Drama dargestellt. Trotzdem sind zeitliche Abweichungen vorhanden.

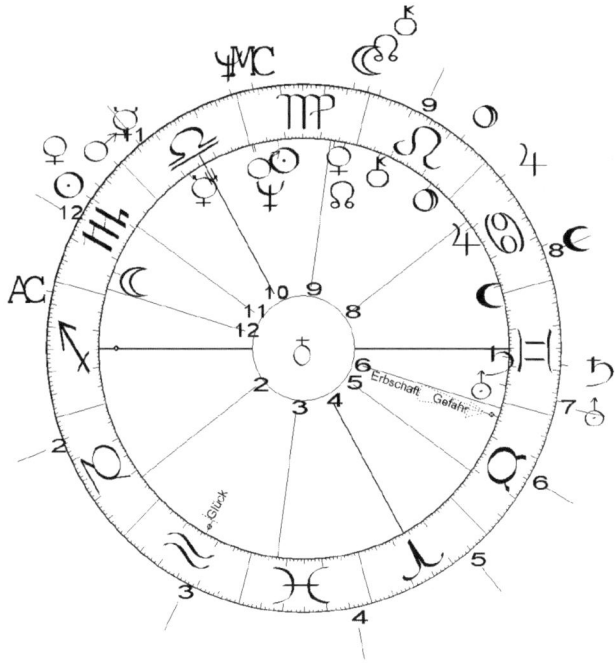

Radixhoroskop mit Sekundärdirektionen

In den Sekundärdirektionen ist dieses Ereignis weniger gut
zu erkennen. Der progressive AC steht in Opp. zur Halbsumme
von Uranus und den sensitiven Punkten Gefahr und Erbschaft
(das geschieht ein Mal im Jahr, doch nicht jedes Jahr ist ein
Konkursverfahren gewesen). Der progressive Mond steht im
Zeichen Jungfrau. Dies zeigt normalerweise den Aufbau einer
Tätigkeit an. Die Spitze des 3. Hauses der Progression steht
auf dem Glückspunkt. Man sollte meinen, die Unterschrifts-
leistung (3. Haus) oder auch das Ereignis ginge glimpflich
aus. Das ist aber nicht der Fall gewesen. In diesem Fall ist das
Resultat nicht zufriedenstellend.

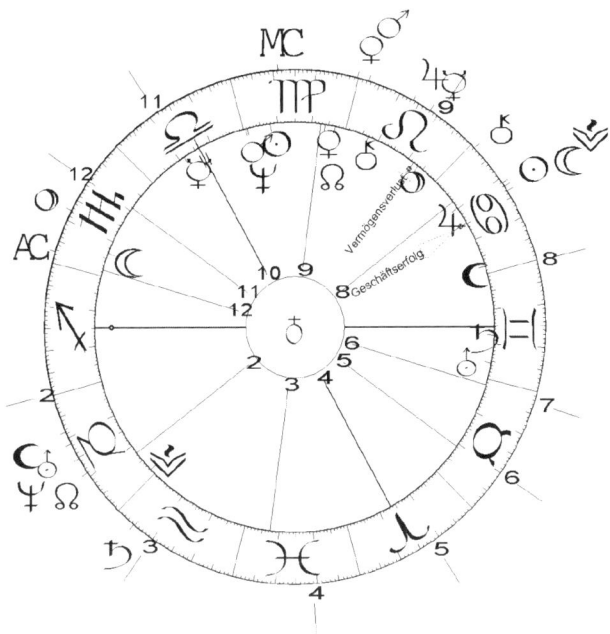

Radixhoroskop mit Transiten

Saturn, als Herrscher des 2. Hauses, steht mit einer Differenz von fast 3° in Opp. zum sensitiven Punkt Vermögensverlust. Ich denke, das ist für ein derart markantes Ereignis zu ungenau!

Sonne und Vesta bilden eine Halbsumme zu Jupiter im Radixhoroskop. Man sollte meinen, dies sei für die Arbeit ein Glückstag. Der Mond hat fast eine Konjunktion zum sensitiven Punkt Geschäftserfolg.

Das sind eigentlich gute Konstellationen. Niemand würde einen Konkursantrag dahinter vermuten, oder?

Ich betrachte nun das Jupiterpersonar.

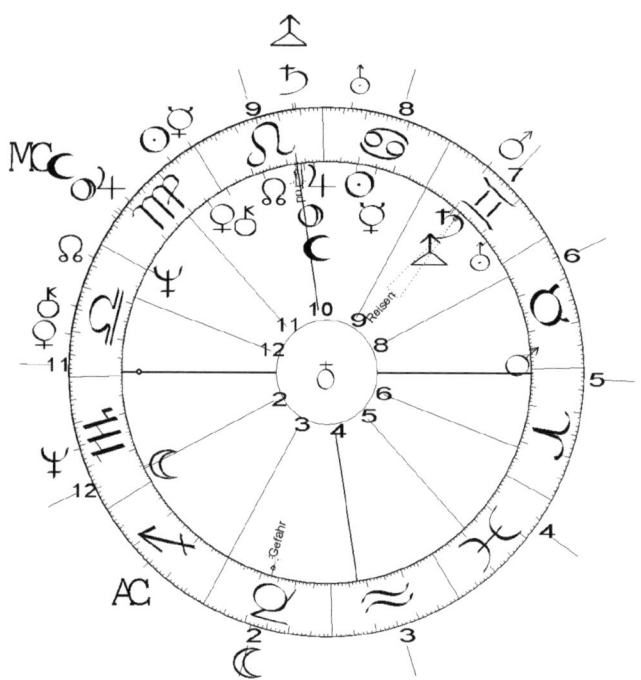

Jupiterpersonar mit Personardirektionen

Einwandfrei erkennt man, dass die Konstellation Saturn-Vulkanus in direkter Konj. zum MC steht. Das heißt: Gewaltige (Vulkanus) Trennung (Saturn) von Finanzen (Jupiterpersonar). Gleichzeitig steht Mars in Halbsumme zu Saturn und Vulkanus und dem sensitiven Punkt Reisen. Eindeutig kann man ablesen, dass es hier um einen gewaltigen (Vulkanus) Abschied (Saturn) von der Arbeit (Mars) mit dem Veranstaltungsbüro (Reisen) geht. Zusätzlich unterstreicht der direktive Mond das Ganze. Er steht auf dem sensitiven Punkt Gefahr.
Wenn man sich zwei Jahre zuvor die Personardirektionen des Jupiterpersonars angesehen hätte, hätte man von dieser Geschäftsidee gleich abraten können.

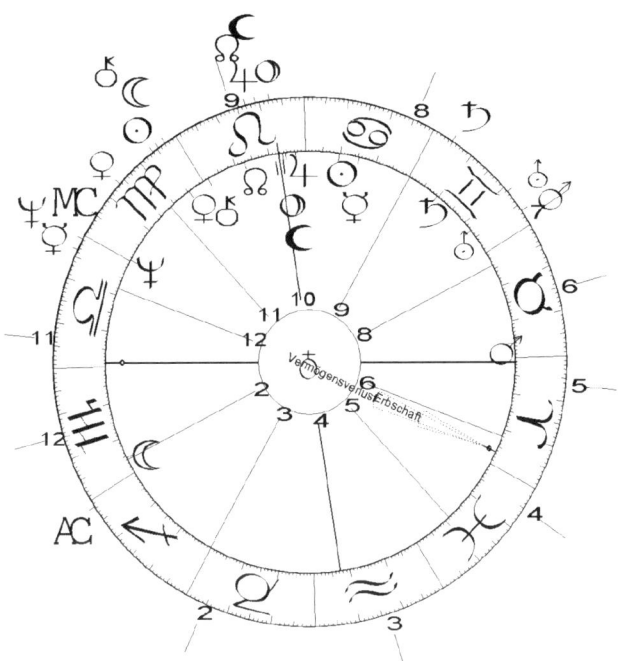

Jupiterpersonar mit Personarprogressionen

Auch in den Personarprogressionen ist dieses Ereignis erkennbar. Der personarprogressive Merkur hat eine direkte
Opp. zu den sensitiven Punkten Erbschaft und Vermögensverlust.

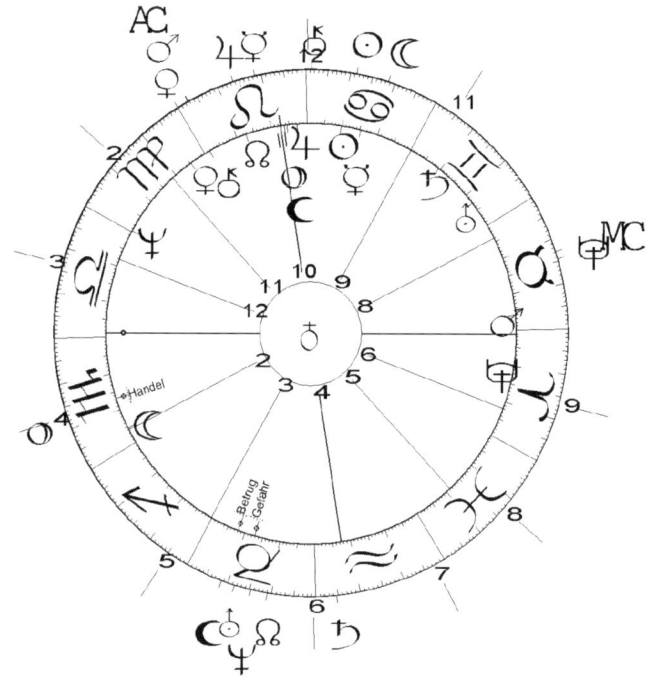

Jupiterpersonar + Personartransite

Chiron hat ein genaues Quad. zum AC. Es steht also die Prüfung der Finanzsituation im Raum. Admetos steht in genauer Opp. zum sensitiven Punkt Handel und Geschäfte. Ganz eindeutig ist hier das Ende (Admetos) des Geschäftes (Handel) zu erkennen. Lilith (der schwarze Mond) hat eine Konj. zum sensitiven Punkt Betrug. Tatsächlich ist diese Geschäftsfrau von ihrem Teilhaber betrogen worden. Sie hatte alle Schulden alleine beglichen. Uranus auf dem sensitiven Punkt Gefahr unterstreicht nochmals diese heikle Lage.

Zusammenfassend kann gesagt werden, dass mit Hilfe der prognostischen Methoden im Jupiterpersonar das Ereignis absolut erkennbar ist. Ich habe die gesamte Geschichte ebenfalls im Marspersonar genauestens verfolgen können, dort waren die Prognosemethoden ebenfalls allesamt stimmig.

Es würde den Rahmen dieses Buches sprengen, weitere Beispiele mit den übrigen Personaren aufzuzeigen. Interessant wäre auch, die Personarprognosen mit den Asteroidenpersonaren zu machen. Ich stelle im Anhang einige Tabellen zur Verfügung, die den Umgang mit den erläuterten Prognosemethoden erleichtern helfen.

Literaturverzeichnis

Personare, Die zwölf Personen im Inneren
von Peter Orban & Ingrid Zinnel, Rowohlt 1992

Die Bedeutung der Fixsterne,
von Hoffmann/Ebertin, Ebertin Verlag 1988

Die verborgene Macht der arabischen Punkte im Horoskop
von Bruno Mahl, A 6900 Bregenz

Astrologie. 121 Himmelskörper
von Frank Felber, Jupiter + Uranus 2003

Regelwerk Neufassung
von Ruth Brummund, Eigenverlag

Tabelle 1: Die sensitiven Punkte

Referenzpunkt ist 0° Widder, von hier aus werden die Grade hochgerechnet

die gebräuchlichsten sensitive Punkte

	Taggeburt	Nachtgeburt
Vater	As + Saturn – Sonne	As + Sonne – Saturn
Glück	As + Mond – Sonne	As + Sonne – Mond
Mutter	As + Mond – Venus	As + Venus – Mond
Kinder	As + Mond – Jupiter	As + Jupiter – Mond
Geschwister	As + Jupiter – Saturn	As + Saturn – Jupiter
Erbschaft	As + Mond – Saturn	As + Saturn – Mond
Liebe	As + Venus – Sonne	As + Sonne – Venus
Wissen	As + Mond – Merkur	As + Merkur – Mond
Substanz	As + Mars – Saturn	As + Saturn – Mars
Kunst	As + Merkur – Venus	As + Venus – Merkur
Astrologie	As + Merkur – Uranus	As + Uranus – Merkur
Astrologie Geld verdienen	As + Jupiter – Uranus	As + Uranus – Jupiter
Astrologie schreiben	As + Merkur – Jupiter	As + Jupiter – Merkur
Beruf	MC + Mond – Sonne	MC + Sonne – Mond
Geschäftserfolg	MC + Jupiter – Merkur	MC – Jupiter + Merkur
Handel	As + Jupiter – Merkur	As + Merkur – Jupiter
Immobilien	As + 105° – Saturn	As + Saturn – 105°
Sexual	As + Mars – Lilith	As + Lilith – Mars
Reisen	As + Merkur – Mond	As + Mond – Merkur
Ruhm	As + Jupiter – Sonne	As + Sonne – Jupiter
Todesfall	As + Mars – Pluto	As + Pluto – Mars
Betrug	As + Neptun – Sonne	As + Sonne – Neptun

	Taggeburt	Nachtgeburt
Leben	As + Saturn – Jupiter	As + Jupiter – Saturn
Intuition	As + Uranus – Pluto	As + Pluto – Uranus
Okkultismus	As – Uranus + Neptun	As – Neptun + Uranus
Gewinn	Jupiter – Mond + Sonne	As + As + Sonne – Mond – Jupiter
Prozeß	As + Mars – Jupiter	As + Jupiter – Mars
Energie	As + Sonne – Lilith	As + Lilith – Mond
Ehefrau 1	Herrscher von 7 + Venus – Mond	Herrscher von 7 + Mond – Venus
Ehefrau 2	Herrscher von 7 + Jupiter – Mond	Herrscher von 7 + Mond – Jupiter
Ehemann 1	Herrscher von 7 + Venus – Mars	Herrscher von 7 + Mars – Venus
Ehemann 2	Herrscher von 7 + Jupiter – Mars	Herrscher von 7 + Mars – Jupiter
Tod	As + Herrscher von 8 – Mond	As + Herrscher von 8 – Mond
Ehe	As + Herrscher von 7 – Venus	As + Herrscher von 7 – Venus
Vermögen	As + Herrscher von 2	As + Herrscher von 2
Vermögens-verlust	As + Herrscher von 8	As + Herrscher von 8
Flugreisen	As + Uranus – 315°	As – Uranus + 315°
Schiffsreisen	As + Merkur – 225°	As – Merkur + 225°
Jenseitseinfluß	As – Neptun + Pluto	As – Pluto + Neptun
Medialität	As – Uranus + Mond	As + Uranus – Mond
Stabilität	As+ Sonne – Saturn – Mond + Mars	As + Sonne – Saturn – Mond + Mars
Gefahr	As + Herrscher von 8 – Saturn	As + Herrscher von 8 – Saturn

98

Tabelle 2: Die Bedeutung der TRANSNEPTUNER

Die Transneptuner werden mit 1/2° Orbis applikativ und separativ genutzt. Es werden Konj., Opp. und Quad. betrachtet.

♉	**Cupido**	Partnerschaft, Familie, Ehe, Gemeinschaft, Gruppe, Gesellschaft
♁	**Hades**	Schlechter Einfluss, schleichender Verlust, Geheimnisvolles, Gefahren, Krankheit
♉	**Zeus**	wichtige Arbeit, Leistung vollbringen, Zielstrebigkeit, Technik
♈	**Kronos**	Autorität, Chef, Selbständigkeit, Führung Prominenz, Ansehen, etwas Großes vollbringen
♯	**Apollon**	Erfolg, Zunahme, Vermehrung, Zuwachs, Freiheit, Ansehen, Ehre, Ruhm
♇	**Admetos**	Verdichtung, Festigung, Tiefe, Hemmung, Trennung, Stillstand, Ende, Tod
♉	**Vulkanus**	Macht, Kraft, Größe, Stärke, Einfluß, Gewalt, Energie, Aktivität, Steigerung
✕	**Poseidon**	Weisheit, Erkenntnis, Geist, Wahrheit, echt, edel

Tabelle 3: Die Asteroiden

Asteroid Name Herrscher	Motto	
♀ **Ceres** ♍	Besorgnis Nützlichkeit Produktivität Erziehung	Anhänglichkeit, Trennung und Bindung, Tod und Erneuerung
⚶ **Vesta** ♍	Kleinigkeiten Reinheit	Arbeit, Hingabe, Verpflichtung, Opfer
⚴ **Pallas** ♎	Mut Wahrnehmung	Geistige Anlagen, Genie, Fähigkeit zur Intuition, bildende Kunst
⚵ **Juno** ♎	Beziehung, Partnerschaft	Teilen, Vertrauen, Eifersucht, Besitzansprüche, Machtkämpfe
Psyche ♎♓	Einfühlungsvermögen	
Eros ♈♏	Leidenschaftlichkeit	
Lilith ♈♏	Kampfgeist, Entschlossenheit	
Toro ♈♏	Verstärkung der Planetenkräfte	
Sappho ♎♓	Feingefühl	
Amor ♎♓	Platonische Liebe, Mitleid	
Pandora ♊♒	Neugierde, die Veränderungen initiiert	
Icarus ♊♒	Risikofreude, Befreiung	
Diana ♈♐	Überleben, Selbstschutz	
Hidalgo ♈♐	Selbstbehauptung	
Urania ♊♒	Inspiration, Intuition	

Fragestellung	psychische Komplexe	Thema
Wie entwickeln wir Selbstwertgefühle, wie kümmern wir uns um andere und in wie weit reagieren wir neurotisch?	Isolation, Depression, Magersucht, Freßsucht	Beziehungs- und Gefühlsfragen
Wo verwende ich meine Arbeitsenergie?	Angst vor Intimität, Einschränkungen	Individuelle Bildung
Wo zeigt sich meine Kreativität – wie setze ich Intelligenz ein?	Vaterbindung	Individuelle Bildung
Was sind meine Bedürfnisse und Zielsetzungen in der Partnerschaft?	Untreue, Eifersucht	Beziehungs- und Gefühlsfragen
Wie reagiere ich auf andere Personen?	Sehnsucht nach oder Angst vor Bindungen	Liebe
Wie stark ist die Lebenskraft, wie sind die sexuellen Neigungen?	Besessenheit	Macht
Wie gehe ich mit Konflikten um?	Agression	Macht
Wo liegt meine größte Stärke?	Machthunger	Macht
Wie zeige ich Gefühle?	Abneigung	Liebe
Wie kann ich mich am Glück anderer erfreuen?	Schwierigkeiten, Gefühle zu zeigen	Liebe
Wie zeige ich Innovation?	Wegschieben von Schwierigkeiten	Weisheit
Wo zeige ich Rebellion, wie erreiche ich meine Freiheiten?	Skepsis, Leichtsinn	Weisheit
Was will ich schützen?	Angst vor Nähe	Schutz
Was verteidige ich?	Angst vor Autorität	Schutz
Wie lasse ich mich inspirieren?	Lernschwierigkeiten	Weisheit

Tabelle 4: Die wichtigsten Fixsterne
gem. Vivian Robson

Die Fixsterne entfalten ihre Kraft lediglich durch die direkte Konjunktion oder Deklination mit anderen Planeten und Achsen, es werden die Aspekte (Quadrate, Trigone, usw.) nicht berücksichtigt. Ich berücksichtige lediglich einen Orbis von 1°.
Die Veränderung der Position ist minimal und kann aktuell bei www.astro.com abgerufen werden.

Fixstern Stand/Zeichen Name/Kräfte	Kurzdeutung der Wirkung auf die Planeten
1°28′ ♈ Difda ♂ ♄ ☿	Krankheit, Unglück, erzwungene Änderungen
2°51′ ♈ Sharatan ♂ ♄	Verletzungen, Zerstörung durch Feuer
8°2′ ♈ Algenib ☿ ♂	schlechter Ruf, Unglück, Berufsbettler
13°11′ ♈ Alpheratz ♀ ♂ ♃	Unabhängigkeit, Freiheit, Liebe, Reichtum, Ehre, scharfer Verstand
20°50′ ♈ Baten Kaitos ♄	Auswanderung, Unglück durch Gewalt aber auch Rettung
25°42′ ♈ Al Pherg ♃ ♄	Zielstrebigkeit, Erfolg
26°43′ ♈ Vertex ☽ ♂	Verletzung der Augen, gewaltsamer Tod
29°17′ ♈ Mirach ☽ ♂	Schönheit, Intelligenz, Wohltätigkeit, Ruhm und Glück in der Ehe
6°32′ ♉ Hamal ♂ ♄	Gewalt, Brutalität, vorsätzlicher Mord

Fixstern Stand/Zeichen Name/Kräfte	Kurzdeutung der Wirkung auf die Planeten
13°7′ ♉ Almach ♀	Ehre, Ruhm, künstlerische Begabung
23°5′ ♉ Capulus ☿ ♂	Blindheit, Sehschwäche
25°3′ ♉ Algol ♃ ♄	Unglück, Gewalt, verursacht den Tod anderer
28°52′ ♉ Alcyone ☽ ♂	Liebe, Ruhm, Blindheit durch Fieber, Unfälle
28°52′ ♉ Pleiades ☽ ♂	Ehrgeiz, Ungestüm, Optimismus, viele Reisen, Einsatz der Intelligenz
4°41′ ♊ Prima Hyadum ☿ ♄	widersprüchliches Glück, Verletzungen, Gewalt
8°40′ ♊ Aldebaran ☿ ♂ ♃	Ehre, Klugheit, Integrität, Popularität
15°43′ ♊ Rigel ♃ ♄	Wohltätigkeit, Ehre, Reichtum, hohes Ansehen, Erfindungsgabe, technische Begabung
19°50′ ♊ Bellatrix ☿ ♂	große Ehren, Vermögen, berühmte Freunde, aber auch plötzliche Schmach, Neigung zu Unfällen
20°44′ ♊ Capella ☿ ♂	Ehre, Ruhm, öffentliche Vertrauensstellung vorsichtig, ängstlich, wißbegierig
21°3′ ♊ Phact ☿ ♀	Wohltätigkeit, Hoffnung, Glück
21°16′ ♊ Cingula Orionis ♂ ♃	Fleiß, Glück, Organisationsgeschick, gutes Gedächtnis, scharfer Verstand

Fixstern Stand/Zeichen Name/Kräfte	Kurzdeutung der Wirkung auf die Planeten
21°16′ ♊ Mintaka ☿ ♄	Glück
21°27′ ♊ El Nath ♂ ☿	Glück, Ruhm, Unparteilichkeit
21°55′ ♊ Ensis ☽ ♂	Sehschwäche, Krankheit, gewaltsamer Tod
22°22′ ♊ Alnilam ☿ ♄	vorübergehende öffentliche Ehren
23°40′ ♊ Al Hecka ☿ ♄	Gewalt, Missgunst, Gefahr von Unfällen
27°27′ ♊ Polaris ♀ ♄	Krankheit, Ärger, Verlust des Vermögens
27°38′ ♊ Betelgeuze ☿ ♂	Beförderung und Vermögen
2°19′ ♋ Tejat ☿ ♀	Gewalt, Schamlosigkeit, Stolz
4°11′ ♋ Dirah ☿ ♀	Energie, Kraft, Macht, Protektion
7°59′ ♋ Alhena ☿ ♀	Hohe Stellung in der Kunst, auch Unfälle
12°59′ ♋ Sirius ♂ ♃	Wohlstand, Ehre, Treue, Leidenschaft
13°51′ ♋ Canopus ♃ ♄	Barmherzigkeit, breites Wissen, Reisen Pädagogik
17°24′ ♋ Wasat ♄	Zerstörungslust, Chemikalien, Gifte

104

Fixstern Stand/Zeichen Name/Kräfte	Kurzdeutung der Wirkung auf die Planeten
17°50′ ♋ **Propus** ☿ ♀	Kraft, Ruhm, Erfolg
19°8′ ♋ **Castor** ☽ ♀ ♂	Vornehm, scharfer Verstand, Reisen, Publikationen, plötzlicher Ruhm und Ehre, aber auch Verlust des Glücks, Krankheit, Ärger, neigen zu Boshaftigkeit oder Gewalt
22°7′ ♋ **Pollux** ♂	subtil, schlau, lebendig, tapfer, mutig, grausam, tollkühn, Liebe zum Boxen
24°41′ ♋ **Procyon** ☿ ♂	plötzliche Beförderung durch Anstrengung, Gefahr von Hundebissen
6°7′ ♌ **Praesaepe** ☽ ♂	Krankheit, Schande, Abenteuer, Rücksichtslosigkeit, Brutalität, Fleiß, Begründer von großen Geschäften
6°25′ ♌ 7°36′ ♌ **Aselli** ♂ ☉	Vorsicht und Verantwortung, Barmherzigkeit, ernste Unfälle und Brandwunden
12°31′ ♌ **Acubens** ☿ ♄	Aktivität, Bosheit, Gift, Lügner, Mörder
19°35′♌ **Algenubi** ♂ ♄	grausam, herzlos, brutal, aber auch Ausdruckskraft
26°10′ ♌ **Alphard** ♀ ♄	Weisheit, musikalische, künstlerische Fähigkeiten, heftige Leidenschaft, Sittenlosigkeit, plötzlicher Tod durch Gift, Ersticken oder Ertrinken
26°27′ ♌ **Adhafera** ☿ ♄	Selbstmord, Gift, Lügen, Stehlen, Mord, militärische Beförderung, Reichtum
26°47′ ♌ **Al Jabhah** ☿ ♄	Verlust, viele Gefahren durch Unbeherrschtheit
28°43′ ♌ **Regulus** ♂ ♃	Erfolg, hohe Ideale, Geistesstärke, Großmut, Liberalismus, Ehrgeiz, Machthunger

Fixstern Stand/Zeichen Name/Kräfte	Kurzdeutung der Wirkung auf die Planeten
2°2′ ♍ Princeps ☿ ♄	scharfer Verstand, Begabung für Forschung
3°43′ ♍ Zaniah ☿ ♀	Ehre, Ordnungssinn, liebenswert
10°12′ ♍ Zosma ♀ ♄	Selbstsucht, Eigenlob, Unzufriedenheit
20°30′ ♍ Denebola ♀ ♄	edel, großzügig, Gefahr durch die Naturelemente
23°58′ ♍ Copula ☽ ♀	Hindernisse, Enttäuschungen, schwache Sehkraft
25°35′ ♍ Labrum ☿ ♀	Idealismus, Intelligenz, übersinnliche Kräfte
26°2′ ♍ Zavijava ☿ ♂	Charakterstärke, Kraft, Kampfgeist
8°50′ ♎ Vindemiatrix ☿ ♄	Witwenschaft, Falschheit, Diebstahl
9°2′ ♎ Caphir ☿ ♀	höflich, vornehm, liebenswürdig, Vorahnungen
12°20′ ♎ Algorab ♂ ♄	Missgunst, Feindschaft, Lüge
16°32′ ♎ Seginus ☿ ♄	Verlust durch Freunde
21°3′ ♎ Foramen ♃ ♄	Gefahr, Barmherzigkeit, Aneignungssucht
22°43′ ♎ Spica ♀ ♂	Erfolg, Berühmtheit, Liebe für Kunst und Wissenschaft
23°7′ ♎ Arcturius ♂ ♃	Reichtum, Ruhm, Wohlstand durch Reisen

Fixstern Stand/Zeichen Name/Kräfte	Kurzdeutung der Wirkung auf die Planeten
5°45′ ♏ Khambalia ☿ ♂	Gewalt, Unzuverlässigkeit, Streitsucht
10°46′ ♏ Acrux ♃	Magie, Gerechtigkeit, Wohltätigkeit (häufig in Horoskopen der Astrologen zu finden)
11°10′ ♏ Alphecca ☿ ♀	Ruhm und Ehre, poetische und künstlerische Begabung
13°58′ ♏ Südl. Schale ♂ ♄	Missgunst, Krankheit, Lüge, Behinderung Verbrechen, Gefahr von Gift
18°15′ ♏ Nördl. Schale ☿ ♃	Glück, Ehre, Reichtum, anhaltende Zufriedenheit
20°56′ ♏ Unukalhai ♂ ♄	Morallosigkeit, Unfälle, Gewalt
22°43′ ♏ Agena ♀ ♃	Freundschaft, Moral, Gesundheit und Ehre ☉ Erfolg, Tempo, viele Freunde ☽ Schroffheit im Reden, viele Leidenschaften ☿ Reden, Schreiben, materieller Gewinn ♀ heftige Leidenschaften, poetisch ♂ Ehre als Schriftsteller, gesetzliche Autorität ♃ intellektueller Erfolg, berufliche Ehre ♄ gerissen, Eifersucht ☊ Zwietracht, Verlust des Reichtums
28°28′ ♏ Bungula ♀ ♃	Vorteile, Freunde, Ehrenstellung, vornehm
1°11′ ♐ Yed Prior ♀ ♄	Revolution, Morallosigkeit
1°27′ ♐ Isidis ♂ ♄	Bosheit, Sittenlosigkeit, Schamlosigkeit
2°4′ ♐ Graffias ♂ ♄	Feindseligkeit, Grausamkeit, Bosheit, Diebstahl Mord, Seuchen, ansteckende Krankheiten

Fixstern Stand/Zeichen Name/Kräfte	Kurzdeutung der Wirkung auf die Planeten
8°7′ ♐ Han ♀ ♄	Ärger und Schande
8°39′♐ Antares ♂ ♃	Zerstörungswut, Weitherzigkeit, schlechte Vorahnungen, schroff, gierig, dickköpfig
9°32′ ♐ Spiculum ☽ ♂	Blindheit
10°50′♐ Rastaban ♂ ♄	Verlust des Besitzes, Gewalt, Unfälle
16°51′ ♐ Sabik ♀ ♄	Verschwendung, pervertierte Moral
21°20′ ♐ Rasalhague ♀ ♄	Unglück durch Frauen
22°54′ ♐ Lesath ☿ ♂	Gefahr, Verzweiflung, Unsittlichkeit, bittere Gifte
24°39′ ♐ Aculeus ♂ ☽	Beeinträchtigung des Sehvermögens, Blindheit
28°38′ ♐ Sinistra ♀ ♄	amoralisch, niederer Charakter
2°6′ ♑ Polis ♂ ♃	Erfolg, Reitkunst, Herrschaft
7°12′ ♑ Facies ☉ ♂	Sehschwäche, gewaltsamer Tod
11°16′ ♑ Pelagus ☿ ♃	Wahrheitsliebe, Religiosität, Optimismus
12°31′ ♑ Ascella ☿ ♃	Glück und Zufriedenheit
13°52′♑ Manubrium ☉ ♂	Mut, Widerstand, Kühnheit

Fixstern Stand/Zeichen Name/Kräfte	Kurzdeutung der Wirkung auf die Planeten
14°12′ ♑ **Wega** ♃ ♄	Wohltätigkeit, Idealismus, Hoffnung
18°41′ ♑ **Deneb** ♂ ♃	Anführer, Freizügigkeit, Wohltäter
24°43′ ♑ **Terebellum** ♀ ♄	Vermögen, das mit Kummer und Schande verb. ist
0°9′ ♒ **Albireo** ☿ ♀	attraktiv, nett, liebevoll
0°39′ ♒ **Altair** ♂ ♃ ☊	tapfer, ehrgeizig, aufgeschlossen, großes, plötzliches aber flüchtiges Vermögen, schuldig des Blutvergießens, Gefahr von Schlangen
2°42′ ♒ **Giedi** ♀ ♂	Vorteil, Opfer
2°56′ ♒ **Dabih** ♀ ♄	Verlust durch Freunde, gut für Gewinn, schlecht für privates
3°36′ ♒ **Oculus** ♀ ♄	kluger Verstand
4°3′ ♒ **Bos** ♀ ♄	kluger Verstand
11°37′ ♒ **Armus** ☿ ♂	Schamlosigkeit, Nörgelei, zänkisch
12°43′ ♒ **Dorsum** ♃ ♄	verhängnisvoller Einfluß
19°5′ ♒ **Castra** ♃ ♄	Bosheit, Zerstörungswut, zügellos
20°40′ ♒ **Nashira** ♃ ♄	das Böse wendet sich zum Guten, Gefahr durch wilde Tiere
22°15′ ♒ **Deneb Algedi** ♃ ♄	Wohltat, Kummer und Glück, Leben und Tod

Fixstern Stand/Zeichen Name/Kräfte	Kurzdeutung der Wirkung auf die Planeten
22°17′ ≈ **Sadalsuud** ☿ ♄	Ärger und Ungnade
2°14′ ♓ **Sadalmelik** ☿ ♄	Prozesse, Verfolgung
2°44′ ♓ **Formalhaut** ☿ ♀	Glück, Ruhm, jedoch auch von außen Mißgunst
4°14′ ♓ **Deneb Adige** ☿ ♀	schnell lernen, erfinderisch
7°45′ ♓ **Skat** ♃ ♄	Glück und dauerhafte Zufriedenheit
14°10′ ♓ **Achernar** ♃	Erfolg in öffentlichen Ämtern
22°22′ ♓ **Markab** ☿ ♂	Ehre, Reichtum, Glück, gewaltsamer Tod
28°15′ ♓ **Scheat** ☿ ♂	extremes Unglück, Mord, Selbstmord, Ertrinken

Tabelle 5

Progr. Mond in Haus/Zeichen		Kurzbeschreibung/Bedeutung progressiver Mond in Sek. Direktion
1	♈	Kampfgeist, Entschlossenheit
2	♉	sich mit materiellen Themen auseinandersetzen
3	♊	neue Kontakte, Reisen, Umzüge
4	♋	Familienthemen, auch emotionale Probleme
5	♌	das äußere verändern und neue Interessen und Hobbies
6	♍	neue Arbeitsaufgaben, sich mit Gesundheitsthemen befassen
7	♎	Bearbeitung des Themas Partnerschaft, evtl. neuer Partner
8	♏	Zeit der großen Belastungen und Umbrüche
9	♐	Fortbildung, Reisen, Finanzielle Verbesserung
10	♑	sich mit alten Themen befassen, auch mit Eltern, Grosseltern
11	♒	Entwicklung neuer Ideen, Verstärkung des Freiheitsbedürfnisses
12	♓	Klärung der Themen der Vergangenheit

Tabelle 6: Die Personarplaneten

Mond im Haus	Zeichen	Kurzbeschreibung/Bedeutung des Mondes im Mondpersonar
1	♈	verständnisvoll, gefühlvoll
2	♉	sicherheitsorientiert, materiell
3	♊	redselig, flexibel
4	♋	bemutternd
5	♌	kreativ, kinderlieb, spielerisch
6	♍	fleißig, fürsorglich, anständig
7	♎	therapeutisch, musisch
8	♏	dominant, mit Schuldgefühlen zu tun haben
9	♐	moralisch, lehrend, reiselustig
10	♑	vorsichtig, zuverlässig
11	♒	liberal, unabhängig
12	♓	sich nicht verstanden fühlen

Merkur im Haus	Zeichen	Kurzbeschreibung/Bedeutung des Merkurs im Merkurpersonar
1	♈	Durchsetzung, überzeugend
2	♉	finanzorientiert, selbstsicher
3	♊	gute verbale Darstellung
4	♋	präzise in emotionalen und Familienbelangen
5	♌	fröhlich, kreativ, freizeitorientiert
6	♍	verantwortungsbewußtes Auftreten
7	♎	mitteilsam, verbindlich
8	♏	Wahrheitsliebe, tiefsinnig
9	♐	Offenheit, gute Ratschläge gebend, informativ
10	♑	sachliche Durchsetzung, Zurückhaltung
11	♒	offen, geradlinig
12	♓	zurückhaltend

Venus im Haus	Zeichen	Kurzbeschreibung/Bedeutung der Venus im Venuspersonar
1	♈	initiativ, aktive Partnerschaft
2	♉	Gemütlichkeit, Stabilität in der Partnerschft
3	♊	gut für Beziehungsklärungen
4	♋	man richtet seine Interessen auf das Heim und die Familie aus
5	♌	man liebt das Besondere, Optimismus
6	♍	hilfsbereit und fleißig in Beziehungen
7	♎	aktiv in partnerschaftlicher Begegnungsfähigkeit
8	♏	Leidenschaftlichkeit, Eifersucht
9	♐	Loyalität, Treue ist wichtig
10	♑	verantwortungsbewusst, verlässlich
11	♒	sich schnell verlieben können
12	♓	sozialer Einsatz, auch: man fühlt sich vernachlässigt

Mars im Haus	Zeichen	Kurzbeschreibung/Bedeutung des Mars im Marspersonar
1	♈	volle Energie, gute Gesundheit
2	♉	finanzieller Erfolg
3	♊	Unternehmungsfreude, Reisen
4	♋	Engagement für Haus und Familie
5	♌	Eigenständigkeit
6	♍	fleißig, arbeitsam, hilfsbereit
7	♎	Motivation Anderer
8	♏	Gründlichkeit und Korrektheit
9	♐	Lehren und Vermitteln
10	♑	aktive Durchsetzung, Anerkennung
11	♒	abwechslungsreiche Aufgaben
12	♓	Einsatz wird nicht gesehen, Ruhephase

Jupiter im Haus	Zeichen	Kurzbeschreibung/Bedeutung des Jupiters im Jupiterpersonar
1	♈	Gerechtigkeitssinn, initiativ in Finanzangelegenheiten
2	♉	gefestigte Überzeugung, finanzielle Verbesserung
3	♊	klare Auffassungen, gut für Bildung und Reisen
4	♋	Zurückhaltung in Glaubensfragen, Investition in die Wohnung
5	♌	sich für Kinder einsetzen, Erfolg bei Spiel und Spekulation
6	♍	Einfühlungsvermögen für Andere, die Früchte der Arbeit
7	♎	klare Überzeugungen, Finanzerfolg des Partners
8	♏	sich ein eigenes Weltbild schaffen, sich mit großen Geldern befassen (Erbschaft, Abfindung etc.)
9	♐	sich mit den Weltreligionen identifizieren, evtl. dogmatisch. Höhere Bildung
10	♑	großes Verantwortungsbewusstsein, beruflicher Erfolg
11	♒	liberale Ansichten, finanzielle Unabhängigkeit schaffen
12	♓	sozialer Einsatz für andere, Nachteil in Finanzangelegenheiten

Saturn im Haus	Zeichen	Kurzbeschreibung/Bedeutung des Saturns im Saturnpersonar
1	♈	Selbstdisziplin
2	♉	finanzieller Engpass
3	♊	Verantwortungsübernahme bezüglich Geschwistern oder der Nachbarschaft
4	♋	Verantwortung gegenüber der Familie
5	♌	Verantwortung für Kinder, Einschränkung von Freizeitthemen
6	♍	sich zum Helfen verpflichtet fühlen
7	♎	Einschränkungen durch die Partnerschaft
8	♏	sich mit Grenzthemen befassen
9	♐	Auseinandersetzung mit rechtlichen Angelegenheiten oder mit Gerechtigkeit
10	♑	Pflichtbewusstsein
11	♒	Einschränkungen von persönlichen Freiheiten, Selektion im Freundeskreis
12	♓	sich mit sozialen oder psychischen Themen auseinandersetzen

Uranus im Haus	Zeichen	Kurzbeschreibung/Bedeutung des Uranus im Uranuspersonar
1	♈	neue Impulse durch Freunde
2	♉	Veränderung des Selbstwertgefühls
3	♊	geistige Wendigkeit, neue Ideen
4	♋	Veränderung des Wohnortes, auch Veränderung der Familiensituation
5	♌	neue Interessen und Hobbies
6	♍	Veränderung der beruflichen Aufgaben
7	♎	größere Unabhängigkeit in der Partnerschaft
8	♏	Hinterfragen der eigenen Weltanschauung
9	♐	neue geistige Interessen, eventuell Studium
10	♑	Berufsveränderung
11	♒	Freiheitsbedürfnis wird gestärkt
12	♓	Verstärkung der intuitiven Fähigkeiten

Neptun im Haus	Zeichen	Kurzbeschreibung/Bedeutung des Neptuns im Neptunpersonar
1	♈	Harmoniesucht, man stellt sich selbst hinten an
2	♉	Unsicherheit in Finanzthemen
3	♊	sich mit dem Thema Wahrheit– Unwahrheit auseinandersetzen
4	♋	die Suche nach der wahren Familie, oder der wahren Heimat
5	♌	Kinderwunsch, auch Romantik
6	♍	man befasst sich mit alternativen Heilmethoden
7	♎	man neigt dazu, den Partner zu idealisieren
8	♏	Sinnfindung, auch therapeutische Maßnahmen
9	♐	sich mit dem bereits Gelernten nicht zufrieden geben, auch Fernweh
10	♑	Suche nach dem beruflichen Idealbild
11	♒	Wunsch nach Unabhängigkeit
12	♓	sich mit Suchtthemen oder der Spiritualität befassen

Pluto im Haus	Zeichen	Kurzbeschreibung/Bedeutung des Plutos im Plutopersonar
1	♈	persönliche Durchsetzungskraft
2	♉	Macht durch materielle Sicherheit
3	♊	Lernen der Durchsetzungsfähigkeit
4	♋	Familienzusammenhalt, auch Machtansprüche der Familie
5	♌	Pflichtbewusstsein gegenüber Kindern
6	♍	Verantwortungsbewusstsein im Job
7	♎	Machtanspruch und Schuldgefühle in der Partnerschaft
8	♏	sich mit Grenzthemen auseinandersetzen
9	♐	geistige Führung
10	♑	berufliche Karriere
11	♒	Anleitung von Gruppen, wichtige, mächtige Freundschaften
12	♓	sich mit dem Thema Heilung auseinandersetzen

Dipl.-Ing. Hildegard Leiding

QUINTILE

Begabungsaspekte im Kosmogramm

ISBN: 978-3-929804-02-7

Dipl.-Ing. Hildegard Leiding
KIPPER-KARTEN

Kipperkartenset und Legetechniken, Band 1+2
ISBN: 978-3-929804-01-0, 978-3-929804-03-4

Weitere Bücher aus dem Verlag Weisse Reihe

Leiding Set Wahrsagekarten mit Legetechnik, Band 1+2
ISBN: 978-3-929804-07-2, 978-3-929804-06-5

Weitere Bücher aus dem Verlag Weisse Reihe

Dipl.-Ing. Hildegard Leiding-Heinz

Lenormand Wahrsagekarten
mit astrologischen Symbolen

Buch zur Interpretation der Lenormand Wahrsagekarten

Lenormand-Wahrsagekarten mit astrologischen Symbolen
Erläuterungsbuch für Wahrsagekarten mit astrologischen
Symbolen, auch als Set
ISBN: 978-3-929804-08-9, 978-3-929804-05-8

Inhalt :   1 Satz "Kipper-Karten"
1 Buch KIPPER-KARTEN von
Dipl. Ing. Hildegard Leiding

ISBN 3-929 804-01-8

Inhalt:
1 Satz "Leiding - Wahrsagekarten"
1 Buch LEIDING - Wahrsagekarten
von Dipl. Ing. Hildegard Leiding

ISBN 3 - 929 804 - 07 - 7

Dipl. Ing. Hildegard Leiding

Leiding Wahrsagekarten

aus
der Tradition

der
Zigeunerkarten

Band 2 • Legetechniken

Leiding Wahrsagekarten
Band 2
Legetechniken